生活·讀書·新知 三联书店

福泽谕吉《文明论概略》精读

〔日〕子安宣邦 著

陈玮芬 译

FUKUZAWA YUKICHI "BUNMEIRON NO GAIRYAKU" SEIDOKU
by Nobukuni Koyasu
© 2005 by Nobukuni Koyasu
Originally published in 2005 by Iwanami Shoten, Publishers, Tokyo
This simplified Chinese edition published 2019
by SDX JOINT PUBLISHING CO., LTD., BEIJING
by arrangement with Iwanami Shoten, Publishers, Tokyo

图书在版编目（CIP）数据

福泽谕吉《文明论概略》精读／（日）子安宣邦著；陈玮芬译．—北京：
生活·读书·新知三联书店，2019.9
（子安宣邦作品集）
ISBN 978 - 7 - 108 - 06561 - 2

Ⅰ．①福…　Ⅱ．①子…②陈…　Ⅲ．①文明－研究－日本－近代
②《文明论概略》－研究　Ⅳ．① G131.32

中国版本图书馆 CIP 数据核字（2019）第 057733 号

责任编辑　周玖龄
装帧设计　康　健
责任印制　徐　方
出版发行　生活·讀書·新知 三联书店
　　　　　（北京市东城区美术馆东街 22 号 100010）
网　　址　www.sdxjpc.com
图　　字　01-2018-4519
经　　销　新华书店
印　　刷　河北鹏润印刷有限公司
版　　次　2019 年 9 月北京第 1 版
　　　　　2019 年 9 月北京第 1 次印刷
开　　本　880 毫米 × 1230 毫米　1/32　印张 8.25
字　　数　180 千字
印　　数　0,001 - 5,000 册
定　　价　49.00 元
（印装查询：01064002715；邮购查询：01084010542）

目　录

中文版序

　　福泽谕吉所著《文明论概略》一书，已经被公认为近代的典籍。岩波文库致力于编修古今内外的典籍，所精选的百册经典之中，《文明论概略》总是居于前列。若不提及此书，则无法谈论日本近代，尤其是日本的近代化。若将日本的近代化视为文明化（西洋文明化），那么《文明论概略》便可以说是近代化的法典。这本书恐怕正因为被当作近代化的法典，才会被翻译为中文及韩文吧！

　　我之所以会对此书展开精读，用意并非为其再添一层近代化之法典的色彩。这个工作已经在丸山真男手上完成了［丸山真男：《读〈文明论概略〉》(《〈文明論之概略〉を読む》)，东京：岩波书店］。丸山视《文明论概略》为古典而进行阅读，令他的著述充满关于"近代"之教养主义式的话语。我并未将此书当作古典来重读。那么，我究竟为何、又是如何重读距今约一百四十年前的日本近代黎明期之著作《文明论概略》的呢？我着手对此书进行重读的时间是 2001 年，正当福泽辞世后百年。我试着让这部书回归它问世的时间点——19 世纪 70 年代的日本——然后再进行阅读。

　　1870 年所处的那个时代，日本甫经明治维新，开始迈向近代国家的道路。但是日本对于究竟要如何形成一个国家，还在摸索，也还未确立方向。19 世纪后期，先进国家的帝国主义性格日益强固，日本面对这样的国际环境，一方面承受列强的压迫，一方面必须形成独立的国家。那是一个日本无法确定自己能否成功晋升为独

1

立国家的时代。在这样的时代，福泽描绘了日本文明化＝近代化的蓝图。他清楚地指出：日本的文明化必须以西洋的近代文明为准则。福泽写作该文明论的历史意义，在于明确地将近代日本文明论之国家策略规定为以西洋先进文明为典范的文明化－近代化。在这个基础上，他讨论了何谓文明，探究了文明社会的内容，订立了迈向文明化的对策，也勾勒出了文明化的蓝图。

然而，福泽并不是在空无一物的白纸上勾勒他的蓝图的。福泽的文明论，必须说服长时间在封建社会里被驯养、习于服从的人民，教给他们"独立方为文明之基础"的道理——因此这是一个在本质上充满挑战性、抗争性的启蒙论述。明治维新伴随着王政复古运动，新日本由此诞生了。起初，新日本依然为所谓"天皇制国体论"的紧箍咒所束缚。若以这个国体为基础，那么还有多少可能去构建文明国家呢？因此福泽一面和天皇主义的国体论抗争，一面和儒教主义的道德国家论抗争，并努力描绘出迈向文明国家（真正的独立国家）的蓝图。再者，当时日本也正是国权论和民权论针锋相对的时候。处于日本内部各种主张既互相敌对又互相抗争的近代国家形成时期，福泽究竟对政治、政府与政体提出了怎样的主张呢？而面对严苛的国际环境，既要确保国家的独立，又要推行文明化，要如何令理想成真呢？

日本身为东亚的一员，既背负着来自 19 世纪末这个时代的迫切课题，也背负着来自东亚这个大环境所赋予的迫切课题，福泽的《文明论概略》是一部与同时代的各种言论激烈交锋而写下的文明论之书。我是以这样的角度阅读《文明论概略》的，换言之，我将此书视为福泽应时代之迫切课题要求所提出的日本文明化（近代化）设计。用这个角度阅读此书，意味着面对近代日本进行自我检视。近代国家——日本——在世界史上已经被烙下在亚洲掀起战争的印记，因此我将 1945 年日本的战败视为近代国家日本的重要里程碑，我们应以这个里程碑为起点，回溯并重新审视日本近代黎明期。福泽在 1870 年的黎明时期，为日本规划了怎样的文明蓝图，又从该蓝图中舍弃了什么？由 1870 年又过了七十年，来到 1945 年那个时候，日本自我蜕变成怎么样的近代国家了呢？就福泽的计划而言，七十年后的日本实现了什么？又或失败了什么？近代日本是过度实现福泽计划的产物，还是违背其本意的结果呢？重读《文明论概略》对我而言，具有自我检视近代国家日本的意义。而我的这个阅读方式，是福泽的战后启蒙解读者——丸山真男——完全没有采用的读法。丸山视《文明论概略》为近代启蒙古典，因此他的著述仅仅彰显出《文明论概略》之中早慧的近代思维，并称赞这种近代化思维得到了实现。并且由于他将此书视为古典，《文明论概略》反倒与 19 世纪末的东亚和日本产生了距离与隔阂。

我将福泽的《文明论概略》当作近代国家日本的自我检视进行了精读。这种读法亦可以让在东亚已完成近代化的国家以《文明论概略》来进行自我审视，或由第三者的角度来检视日本吧！这是因为重新阅读《文明论概略》，可以敦促我们重新思考东亚的近代国家的形成究竟意味着什么。

翻译本书的陈玮芬博士，不懈努力了两年，终于让我的著述得以呈现在汉语圈读者的面前，我为此感到由衷的高兴。《福泽谕吉〈文明论概略〉精读》一书，既批判了丸山对《文明论概略》的解读，同时也对当今的课题提出省思，要翻译成中文，实属困难。如此艰难的工程，除了对我行文结构十分熟稔的陈博士之外，相信不容易再找到其他人选。在此书中文版刊行之际，我希望向陈玮芬博士致上由衷的敬意和谢意。同时，我也希望向策划并推动本书出版的北京清华大学王中忱教授致以无上的感谢。

2008 年 7 月 25 日

子安宣邦

序　为何现在要阅读《文明论概略》

　　为何我们现在有必要阅读《文明论概略》呢？当然是因为该书值得我们阅读。或者说，是因为阅读该书有其意义存在。说阅读该书"有其意义存在"，是因为在《文明论概略》一书中，福泽谕吉所传达的信息，解答了好几个世代之后的我们的疑惑。能够洞见时空相隔久远的读者之疑惑的著作，应该称得上经典名著吧！我们将《文明论概略》称为经典，附带了一个历史限定：它是一本在近代日本黎明期问世的著作。若是将《文明论概略》从这一历史限定中切割出来，当成一般的经典著作来看待的话，阅读该书之乐趣和趣味性一定会大幅降低。并且，那只是所谓增加文化修养的阅读，无法期待更深的意义。而且，《文明论概略》不是可以和柏拉图的《对话录》或歌德的《浮士德》等量齐观的经典，如果以阅读古典的态度来读这本书，它就只是一部无聊透顶的读物罢了。如将这本书当成古典著作来进行解说，也将会成为枯燥乏味的说教。[1]

　　《文明论概略》是日本近代黎明期的著作，也可说是第一部为

<hr />

[1]　不消说，是丸山真男的《读〈文明论概略〉》(东京：岩波书店)让我兴起写作本书的念头。当然，读者应该会想问：和丸山的"读法"不同的"读法"为何存在、又如何存在？丸山的《读〈文明论概略〉》始自《如何学习古典》这篇序文。丸山说："我在此处选择的古典范例，即福泽谕吉的《文明论概略》"，这句话提示读者，以读"古典"的态度来读《文明论概略》。丸山称《文明论概略》为"古典"，要求读者视之为"古典"来读。所谓的"古典"，意指"直接阅读原典"，不需去斟酌、探讨其著作之历史背景。

我们阐述"文明"之意义与价值的杰作。在明治初期的日本,《文明论概略》一书首次对世人发送了"文明论"或"文明化论"的信息,这些信息对于当今的我们而言,仍具备重新细读的意义。所谓"当今的我们",其实也正直接面临世界与历史的巨大转换期。《文明论概略》在距今一百数十年前的近代日本黎明期——亦曾是亚洲和日本的巨大转换期——首度明确发出文明论之信息。何谓"近代黎明期"?对于日本近代之走向(明确地说是位于亚洲之中的近代日本之走向①)而言,存在着各种不同的规划与设想,或如斯,或如彼;日本近代黎明期正是这些规划与设想之间发生激烈争议的时代。在这个时期,《文明论概略》问世了,它是第一本从文明论的立场出发,观点明确地提供日本未来路向规划的著作。近代日本究竟该如何定位?该积极朝向文明国家而发展吗?应具备怎样的基础、搭建出怎样的框架呢?我所谓"由明确的文明论立场所描绘的日本设计蓝图"就是指福泽对上述疑问提出了明确的方针与解决方案。正因如此,当19世纪后期亚洲巨大转换期之后,又经过了一百数十年,当此刻的我们再度面临世界局势更巨大的转换,此时再一次重读"由明确的文明论立场所描绘的日本规划蓝图",极具意义。福泽的文明论规划,将哪些内容解体了,又重新添入了什么质素?他的规划如何擘画近代日本国家的路向,又是否有所遗漏?他的规划期盼近代日本实现什么,或者意图使什么不被实现而没有

---

① 这里我为"近代日本"加上括弧的旁注"亚洲之中的",是为了明确指出:日本的近代化、文明化及福泽对日本文明化的设计,都和亚洲脱不了关系。因此,福泽所谓的"脱亚论",这种看待日本与亚洲关系的方法,我认为都与他这文明化设计密不可分,因此不可像丸山一样,将脱亚论视为"福泽的'恶劣'印象,来自其内在成见"《读〈文明论概略〉》上,16章)而将之排除。

写进其中？有哪些背离他的规划和所期待的事项在近代日本被实现
了？当今的我们，面对这一转换时期出现的日本规划，该如何展开
思索呢？我对《文明论概略》的重读，应该伴随诸如此类的提问而
展开吧。

我打算在自序中阐述的议论，已触及"读《文明论概略》的意
义"，以及"《文明论概略》的阅读方法"等问题。我的阅读方法是
先将《文明论概略》置于"近代日本黎明期"这个角度来看。之所
以如此，是因为比起其他著作，它面对近代日本而首次发出文明论
信息一事至关重要。我一方面观察其中的信息意图与哪些思想抗
争，或者说是意欲解构什么；另一方面尝试了解其中的信息究竟想
要为当时的日本重新添加什么质素。接着，我由这些问题出发，再
三解读《文明论概略》中吐露的文明论信息。在阅读《文明论概
略》文本的同时，我还试图厘清在福泽的文明论规划之中（或之
外）近代日本国家实际走过的历史轨迹，因此也阅读了《文明论
概略》所涉及的近代日本人关于"自我"的各种表述。这样的阅
读法，是我实践"近代知识考古学"①的思想史方法，也是对作为
"事件"的论述进行分析的方法。不过，与其在此为我的思想史方
法多费唇舌，倒不如直接阅读《文明论概略》吧！

福泽谕吉出生于天保五年（1835），为丰前国中津藩下级武士
福泽百助的次子。与其说他是明治初期所谓"明治启蒙思想家"代

---

① 关于近代日本的学问或知识形态，我用这一方法写了《日本近代思想批
　判——一国知识的成立》（东京：岩波书店，2003 年）一书。此外，有关作
　为"事件"的言说的分析，可参照拙著《作为"事件"的徂徕学》（东京：
　筑摩书房，2000 年）。

表之一，不如说他作为明治启蒙思想之体现者而活跃于明治初期，并为日本迈向近代社会带来了巨大的影响。他创设庆应义塾，致力于提供近代社会所需的学术教养、培育学生。他于明治三十四年（1901）辞世。如今我在 2001 年着手精读他的文明论，恰好是他逝世后百年。《文明论概略》在明治八年（1875）刊行，和《劝学篇》（1872）同列为福泽谕吉的代表著作。在序文之末，我为《文明论概略》刊行的明治八年前后之历史制作了年表，略述于后。如此可以帮助读者理解《文明论概略》出版时的历史状况，以及它是在怎样的政治性抗争之背景下写成的。

· 明治六年（1873），征兵令发布。同年，岩仓使团历经一年又十个月对欧美十二国的参访之后归国。由于木户孝允、大久保利通等外游派与西乡隆盛等留守派之间，对国际情势的认识有出入，两派因征韩与否而发生了政治纷争。西乡、板垣退助等人因此下野。同年，明六社因森有礼的建议而成立。

· 明治七年（1874），后藤象二郎、板垣等人提出设立民选议院的建议书。同年，兴起征台与否的讨论，最后依西乡从道的强硬意见，对台出兵。这是明治政府首次对外行使军事力量。同年，明六社开始正式活动，《明六杂志》创刊。又，西周的《百一新论》也在这一年刊行。

· 明治八年（1875），召开大阪会议。在伊藤博文等人的斡旋之下，大久保与木户、板垣之间的政治对立缓和，达成共识，将政体朝向三权分立制转移。接着颁布逐步建立立宪体制的诏书。同年公布制裁自由民权运动之反政府言论的"谗谤律"以及新闻报章条例。同年八月，发生日本军舰"云扬"号对朝鲜展开武力挑衅的事件，即"江华岛事件"。同年五月，《文明论概略》刊行（八月）之前，庆应义塾的"三田演说馆"开馆。

·明治九年（1876），与朝鲜签订不平等条约，即《日朝修好条约》。同年三月，施行废刀令。九月，元老院奉敕命起草国家宪法。十月，发生士族叛乱，即"神风连之乱"。次年的明治十年，拥护西乡隆盛的旧萨摩藩士族发动反政府的暴乱，即"西南战争"。同年十二月，发生反对修改地租的武装暴动，即"伊势暴动"。又，同年四月，西村茂树等人创设"东京修身学社"（后来的"日本弘道会"），以振兴日本道德为主要目的。

《文明论概略》第一部

一、文明：日本的课题（其一）

精读一：《绪言》

（一）以"文明"为主题的文明论

福泽以《文明论概略》尽力传达一个信息：对于明治初年的日本而言，"文明"是最受瞩目、最广受议论的课题。他所谓的"文明"，亦即西方文明、近代化的文明。他认为最紧要的课题，是日本的"文明化"，也就是引进西方文明。福泽的"文明论"之论述核心是——"文明"作为当时日本最重要的主题与课题，究竟是如何被议论的。换句话说，福泽在《文明论概略》中所揭示的"文明"论，绝对不是关于文明的叙述或泛论，而是把议论的焦点集中于"文明"这个近代黎明期的日本所不得不面对的、刻不容缓的课题，究竟涵盖什么内容。

若有议论让人摸不着论点，也无法看清问题所在，那充其量只能称为聊天，而非议论。有意义的议论，应当是通过彼此的语言沟通，步步烘托出问题核心，并且各自运用利于己方的论点和陈述，来说服对方。这就是福泽在《文明论概略》第一章《确立议论的出发点》中的主旨。福泽企图在其"文明论"里，阐述"文明"（西方近代文明）对日本的重要性，以触动人们进一步体认此重要性。

他在《绪言》的开头写道：①

> 文明论是关于人类精神成长的议论，但其要旨不在于讨论个人的精神，而是讨论天下苍生的精神，亦即将天下众人的精神汇为一体，针对其总体的精神成长进行讨论。因此也可以将"文明论"视为众人之心理成长论。②（《文明论概略·绪言》，9页）

如同前述，福泽的文明论并不是与文明有关的泛论，而是聚焦于对日本首要课题——文明（西方文明）——的论述。上列引文中，福泽以"天下众人的精神成长"立论，可知福泽认为"天下众人的精神"之成长是日本的首要课题，并试图从中寻找"文明"的源头。这里所谓"天下众人的精神"与福泽在后头所谓"一国人民

---

① 丸山真男的《读〈文明论概略〉》（东京：岩波书店，1986年）一书，将福泽的《绪言》视为"答案"。丸山认为先阅读《绪言》，就像是解开方程式之前，先偷看答案一般，所以主动把《绪言》挪移至著作之末（《读〈文明论概略〉》下）。但是换个角度，我们也可以说《绪言》代表作者对著作的看法，例如作者对著作所怀的抱负等；或者说《绪言》表达了作者给读者的信息，例如他期待读者如何阅读他的著作等。因此，我们应先通过对《绪言》的阅读，掌握福泽试图向读者发出的信息。《绪言》或《序论》，原本能刺激读者对论著本身的好奇——读者先由《绪言》或《序论》接收作者的信息，于是产生进一步阅读的念头。阅读行为之所以发生，通常是受到作者所提示的问题所激发，甚而产生共鸣。丸山的《读〈文明论概略〉》竟然把如此重要的《绪言》挪移到最后，那么他究竟打算阅读什么内容呢？实在令人感到不解。

② 本书引用福泽谕吉的《文明论概略》时，会在引用文字后的括号中注明章名及（或）页数（页数均按照岩波文库的版本，松泽弘阳校注）。

的智德"是同样的意思。对福泽而言，凡是"文明"国家必为"众人之精神""人民之智德"所支撑。换句话说，文明国家在成立之前，必须先让国民具备不断成长的气性，即以不断成长的"精神"与"智德"作为基础。从第二章的章名《以西方文明为目标》可以推知，福泽认为西方国家的国民都具备"智德"，这正是西方诸国之所以能晋于"文明"的原因。因此，福泽的文明论，是以先进的西方文明为典范，冀望于日本国民素质的提升，可以说是一种以日本人之文明化为目标的议论。福泽主张国民的素质必须不断提升，这是国家文明的关键，也是日本的当务之急。我们可以说，福泽对西方国家的发现与认识，主要集中于国民素质及文明化社会这两个关键。

（二）与异文明的接触及文明化的渴望

"西方"在19世纪后期忽焉进逼到日本人跟前。日本与西方文化短兵相接的过程，让日本人意识到彼此间的差异，且对差异之巨大极其惊讶。福泽说："我国人民始知西洋，得知彼我文明之巨大差异，一时耳目受惊，内心则仿佛遭遇骚乱。"（10页）按福泽的说法，初次相遇的异国文明，在日本人心中造成莫大震撼，简直像是发生"人心之骚动"一般。然而，类似的异文化冲击，日本在历史上并不是第一次遇到。"上古由支那传来儒佛之教"，是日本最早经验的异国文明。虽然如此，"儒佛之教"与日本同属于亚洲文明，具备相似的元素，震撼程度自然不能与西洋带来的冲击相提并论。福泽如此形容西方文明带来的惊奇与骚乱：

至于最近的外交，则与昔日大相径庭。由于地理环境截然不同，文明的元素截然不同，孕育文明元素的源头不同，发展的程度也不同。当吾国人民接触此处处迥异的西方文明，深入了解后，发现事事物物都十分珍奇。见之无不奇，闻之无不怪。譬如烈火与冰水相接一般，此东西相交而在人们心中掀起的波澜，仿佛由内心深处所喷发，风起云涌、翻天覆地。（10页）

日本与西方文明的接触，无论就文明之基本要素，还是文明之发展速度与程度而言，都截然不同。完全是两个异质文明的相遇。正因为本质迥异，因此在初接触之际，西方文明对日本人精神所造成的撼动，仿佛铺天盖地、上下颠倒一般。福泽对西洋文明之殊异性的好奇，驱动着他提笔写作"文明论"。而我之所以提笔写作本书——《福泽谕吉〈文明论概略〉精读》，则希望以福泽对西洋的认识为出发点，进一步探讨福泽对日本社会之解构与重构的见解，重新了解和认识福泽的意图，是"精读"的最大目标与期待。

日本人受到西方文明的刺激和触动时所引起的精神骚乱，远远不是兵戎战火可以比拟的。福泽谕吉曾说，"王政改新"所引发的兵马骚乱，在数年后表面上看似平息，可其实"人心之骚乱未息，且日益深刻"。他认为，日本社会的革新，根源于不曾止绝的人心之"骚乱"。此"人心之骚乱"，成为促使日本迈向文明的最大动力。福泽以文字描述了西方文明引发的骚乱，以及民众内心对文明化、西化的向往，他的著作可以说是对近代日本人的文明化（西化）冲动所产生的奋发精神的社会心理学叙述。他形容道：

这一场骚乱也是全国人民奋力迈入文明的表现。那是一种再也无法满足本国文明、渴望摄取西方文明的热切心情。既然尚未能与西方文明并驾齐驱，那么便当急起直追，不可轻忽懈怠。况且西方文明并未停止进步，其进步有如日新月异，因此我国人民更需加紧脚步，齐头并进。嘉永年间美国舰队来航，仿佛在我国民内心点起火苗一般，一旦燃起便不能轻易让它终熄。（11页）

（三）"一身二世"的经验与侥幸

福泽认为面对先进文明国家所涌出的"有为者亦若是"的进化渴望，是来自"人心之骚乱"，并由此引发了追求文明化的运动。对日本而言，西方文明是一种与自身本质迥异的文明，正因为本质迥异，所以引发了人心的骚乱，并使人们产生急起直追的渴望，驱使自己奋力向上。但是追随异质文明而使自身文明化，这与接受中国文明而使日本文明化的努力，不可等量齐观。因为中国文明可以说是同种文明，吸收之后会造成本国文明程度的提升，但吸收西方文明则会使得"火变为水、无变为有"，其变化既突兀又迅速。福泽说："这样的变化，使用'改进'一词尚不足以形容，说是'始造'也不为过。"他认为吸收西方文明的结果，几乎等于再创文明。

以西方为楷模，创新本国文明，需要付出莫大的努力。那么，在接触西方文明之前的那些文明化的努力，会不会因此而毫无意义了呢？比方说，原本埋首于汉学的文人，转而倾心于西学，或原本浸淫于日本传统文明的人士，转而致力于西方文明。这些人曾经的努力与工夫，在面对新文明的吸收与创造时，会不会导致负面影响呢？福泽以"一身二世"来述说自己的看法。他认为，在既有的文明之上得到知识的累积，进而在面对崭新的、陌生的新文明时，能运用旧有的知识基础，积极进行吸收，可以形容为"一身二世"的人生体验。在短暂的人生里，能经验新旧不同的两种文明，何其幸运、又何其难得。[1] 他说：

> 观之方今洋学者流，往昔无一不是汉学者、神道家、佛学者。论其身份，非士族即为民众。仿佛以一身经二世，以一人具两身。二世相比、两身相较，以前身前世对照今身今世，有如新旧文明形影互照，将映现怎样的景象呢？其议论未必不能得其真实。（12页）

福泽认为，在西方文明圈外，或者说在西方近代社会形成之前的世界，当有人主动"以自身经验映照西方文明"时，他对自己的了解认识，比起处在西方文明圈内之人的对外认识，必然来得更精准实在。那么，如何在西方文明的典范中，确立本国文明的蓝图呢？福泽指出关键在于"一身二世"的人生体验。他将"前身前世"视为吸收西方文明最确实有效的基础，对非西方文明圈的经验

---

[1] 丸山认为文明论是日本学者因身在与西洋迥异的文化情境中，为了将不利情势扭转为有利条件而编造出来的。他指出福泽把"几近于强词夺理的奇怪的辩证法，当作自己的理论根据"（参见《读〈文明论概略〉》下，310页）。他甚至批评福泽的态度道："这是多么不可靠的'赌注'啊！"然而，福泽应不是如丸山所言，预备进行"不可靠的"议论，反而是自信地认为自己可以把"前身前世"的经验转化成为"今身今世"有利的条件，并为此感到侥幸的吧！

给予正面的评价。

在福泽的文明论里，"前身前世"之原有的人生经验受到了肯定，可见他的文明论，绝非一般泛泛地直接套入西方文明论或直接转译西方文明的论述。这是以"前身前世"来接受异质文明的冲击，解构"前身前世"已经形成的传统文明观、政治观及历史观等等，并在此基础上重构新的文明论。众所周知，福泽的《文明论概略》深受基佐（Francois Pierre Guillaume Guizot）的《欧洲文明史》与巴克尔（Henry Thomas Buckle）的《英国文明史》所影响，但并非单纯的翻版。这是一部穿透福泽的个人体验——具备相当文明程度的日本人视角——去把握西方文明史的文明论著作。这种吸收外来文明的过程，仿佛人类摄取食物之后进行消化的过程——将西方文明史论述中的养分嚼碎并吸收其营养，化为一己的身内之物。福泽说："好比饮食消化一般。食物本为外物，一旦为我所食，便自然成为身内之物。"（13页）

我这本《福泽谕吉〈文明论概略〉精读》，是针对福泽经过消化所构造的"文明论"来进行阅读的，至于消化的过程如何，就不是本书探讨的重点了。

二、文明：日本的课题（其二）

精读二：第一章《确立议论的出发点》

（一）为何"议论"成为议题？

福泽谕吉的《文明论概略》第一章是《确立议论的出发点》，他探讨"议论"的本质问题。为什么"议论"被当作议题呢？"议论"这个词，在当时并不算新奇，甚且可以追溯到德川封建时期，例如山崎暗斋学派的代表之一浅见䌹斋（1652—1711）指出赤穗义士为主君复仇之举"其实是期待回报的卑鄙主张"[①]，他甚至将之形容为"极其卑鄙固陋的议论"。显然，这里的"议论"意指由某种立场出发的主张或言论。同样地，当时也有"盲目相信某人的议论"的说法。那么"议论"究竟具备怎样的本质和形态？这个原本不被当作议题的话题，却被福泽视为重点来进行讨论。他在展开文明论之前，先以"议论"作为开场白。这不能不让我们感到疑惑，他的用意到底是什么？是否"议论"的意义发生了改变，不同于往常？

福泽认为封建社会中的大名与家臣，以及任职于江户城内者

---

① 引自浅见䌹斋：《札录》之《四十六士论》。

和出城的工作者之间，"议论时常陷入龃龉，同藩的家臣却如仇人般"，逐渐交恶。不过他也指出，只在乎对方的缺点而看不到优点，交相攻诘，这种人际关系中的弊害，会随着人类见识的增广、世界的进步而逐渐改善。他强调解决这个弊害的关键因素，在于"人与人的交流"。他说：

> 无论是谈生意、做学问，甚至游艺、酒宴，或公事诉讼、争战，人与人之间只要能让心中的想法坦然流露，就可以让感情得到抒发，彼此能以公正客观的态度相待。有识之士之所以注重民间的会议、社友的演说、交通的来往、出版的自由，就是因为它们有益于人与人的交流。（第一章《确立议论的出发点》，21—22 页）

福泽谈论所谓"人与人的交流""民间交流"或"世间交流"时，都意识到了"society"这个概念。当时"社会"一词尚未通行，福泽使用了"人与人的交流"这一具有动感、活泼感的言辞，去表现由交通、交涉、交际等因素所构成的近代社会概念。引文中他以"游艺、酒宴，或公事诉讼、争战"来描述"社会"的某些场面，强调"议论"必须发生在双方得以抒发意见、互解互谅的基础上。可以说，福泽把"议论"视为在人和人的交流之上形成的、近代化社会的言论。他认为近代化的文明社会，往往能够保障人的自由发言与进行议论的权利，原因在于"议论"支撑着社会的文明性，而文明社会也必须在言论自由、议论开放的风气中，才得以成立。因此他指出："有识之士之所以注重民间的会议、社友的演说、交通的来往、出版的自由，就是因为它们有助于人与人的交流。"

由此可知，福泽认为"议论"是近代社会得以成立，甚至决定文明存亡的重要形态，是一种可以形成社会性议论，即社会公论的论述。因此"议论"成为了《文明论概略》第一章的主题。①

（二）以"文明"为本位的议论

那么怎样的议论是必要的呢？所谓"怎样的"，不只涉及议论的形式、样态，也是对议论的实质内容的追问。《文明论概略》第一章标题《确立议论的出发点》里的"议论"，也兼有两层含义：所谓议论，应该是具有明确意图和明确"出发点"的议论；最为急迫的就是要确立"出发点"是什么。毋庸赘言，福泽在《文明论概略》中所欲展开的，是以"文明论"为出发点的议论。既然如此，他的"文明论"便意味着，当时社会上亟待解决的问题，需由西方文明出发，展开议论，且这样的议论对当时社会和人民都很重要。换句话说，《文明论概略》所展开的，是以"文明"为出发点的议论。福泽在第一章之末，透露了他对此议论的期待：

确立议论的出发点，寻求造就议论的方法，让天下之

---

① 丸山认为福泽在第一章《确立议论的出发点》中的言论，是出于当时旧秩序已崩坏、人民与社会都陷入"混沌"的社会背景。丸山整理福泽立论的理由为二，即"其一是为了整理交错的论述，其二是为了排挤异端、统一天下的议论"（《读〈文明论概略〉》上，65 页）。但是我以为丸山这种读解方式，没能掌握福泽把该言论摆在著作之首的原因。《文明论概略》的"文明论"，原意是由"文明"出发的讨论，因此福泽开宗明义，阐明"文明"为本位的议论为何重要，也强调"议论"（公论）在文明社会中的首要性。

人由衷认同我的见解，这不是我所企望的。我其实是想借此对天下之人提问：事到如今，我们该往前跨一步，还是往后退缩？要前进而追随文明，还是后退而返回野蛮？我们只有一个选择，不进则退。要是世人不愿意往前进，也就没有必要阅读我下面的议论了。（25 页）

以"文明"为出发点的议论，自然应该具备文明性。什么是具备文明性的论述呢？那就是与福泽以"惑溺"（译按：后文将译为"耽溺"，可参见"精读四"之第七节的说明）一词所形容的论述相异的议论。所谓"惑溺"的论述，意指立场偏颇、坚持己见且找不到出路的言论，或者是极端的、一味地否定对方的言论。福泽认为文明性的论述恰好与这些独断的、充满成见的议论相反，通过文明的议论，可以形成公论的平台。何谓公论呢？那是人人可以共有的议论，既可以成为社会的言论基础，又可以推动社会进步，是一种开放的议论。在此，福泽举当时政界实际存在的新旧势力抗争为例说明道，"议论一旦涉及利害关系，双方往往一开始就决裂，不能开诚布公地交换意见"，表示极端偏激的议论将招致弊害。他说：

　　方今有人主张人民同权的新思想，保守派立刻视之为主张合众政治之论，忧虑日本国体的未来，仿佛日本即将陷入无君王、无政府的乱世一般。其实，议论才刚开始而已。这种人以未成形的议论，替日本预设悲观的未来，却不去了解什么是同权，更不去过问同权思想的内容，仅一味地反对、抗拒；反之，革新派也正因为平素视保守派如仇，亟欲动用歪理，推翻旧说，致使两派鸡同鸭讲，毫无

交集。这样的弊害系出自双方的各持己见。(18—19页)

《文明论概略》因福泽善于营造有趣的譬喻,让人读来兴味盎然。福泽在讲述偏激的议论反而导致两方无从沟通、效果大打折扣时,举了"酒鬼和不擅喝酒的人"之譬喻。他说:"嗜酒贪杯的人讨厌饼,滴酒不沾的人讨厌酒。两者都努力说服对方放弃原本的嗜好,接受自己的嗜好。"他认为当两者各持己见,"势必交相冲突、不得相近,招致人际不睦,此不睦势必发展成为对社会的大伤害"。固守自己狭隘偏颇的见解,发出偏激的议论,往往只会带来社会的对立,绝不是具备文明性的议论。那么,主张激进改革、扫除旧弊的言论,算不算是极端的见解呢?福泽的文明论主张日本的激进文明化,不也是极端的议论吗?为何只允许自己的议论免于非议呢?

(三)激进主义文明论的成立条件

福泽认为一般被视为"异端妄说"的看法,常常是时代的先驱者所提出的先见。世间许多人"介于智愚之间,随波逐流,无功无罪,互相雷同,终其一生"。这样的人被福泽称为"世间通常之人",他们所构成的议论是"世论",意思是"恰好反映当下世态,不曾回顾过往而后退,也不能瞻望未来而前进,不启不发,原地踏步"。当这群人接触与自己不同的论述时,往往企图将之拉回同一水平。他形容道:

　　而今,世间此等人占多数,众声喧哗,各持己见,以议天下。偶见言论越其界者，便立即以"异端妄说"称之，务必强引之，令其返回所划定的界限内。如此将导致天下的议论被化约为同一类。他们做此举动，居心何在？世间之智者，将如何而能有为乎？唯有富远见者，才能启文明之端。若智者之先见无可发挥，谁人能担当文明大任乎？识者需慎思矣。（23 页）

他述明即使自己的文明论被保守群众视为偏激，也不打算撤回。他希望大众回顾历史："古来文明的进步皆出于'异端妄说'"，"亚当·斯密主张经济论时，世间人都以为妄说而排斥"，"伽利略主张地动论时，被视为异端者而遭讦"。因此即使世间众人都目之为激进，也不该是撤回言论的理由。那么进一步问，福泽虽然把自己急进的议论与那些无法发展出社会公论的、所谓偏激的议论做了区别，那么他应该如何证明自己的议论不同于偏激的议论呢？他的论据是什么？关于这些疑问，福泽举了两点来证明。第一点是，让自己具备先见之明的，是身为学者、知识分子对社会责任的自觉。第二点是，自己并不会性急地期待或要求他人立即认同自己的见解。[①] 因为强烈要求言论一致的态度，与坚持己见而无法广纳众言的态度，完全没有两样。且若坚持独断霸道的立场，势必让他的言论变质为一种以自己的利害为前提的私领域言论。因此，福泽执笔

---

① 福泽支持先进的议论。他说："学者不应害怕众声喧哗或异端妄说之讥，应勇敢为自己的见解发声。"他认为一己的见解要得到多数人的赞同，必须等待时机，因此也警惕："不需要把他人的言论硬纳入自己的议论中，使天下的议论变得毫无差异。"（第一章《确立议论的出发点》，24 页）福泽这两段话，表达了让"文明论"发展成为社会公论的基本观念。

《文明论概略》，展开以"文明"为本位的议论之际，对于前述的自觉和自戒是念兹在兹，不敢或忘的。

让我们在本章之末重新回顾前面引用的那一段。福泽说：

> 确立议论的出发点，寻求造就议论的方法，让天下之人由衷认同我的见解，这不是我所企望的。我其实是想借此对天下之人提问：事到如今，我们该往前跨一步，还是往后退缩？要前进而追随文明，还是后退而返回野蛮？我们只有一个选择，不进则退。要是世人不愿意往前进，也就没有必要阅读我下面的议论了。（25页）

由字里行间应可窥知，福泽并不期待或要求人们立即认同他的言论。虽然如此，他依然高声地向读者呼吁，日本的文明化在当今社会如何重要，以文明为出发点的议论，对人们又是如何重要。可以说，这个举动清楚地表明了福泽的文明化决心。在他充分表达了文明化的决心后，在下一章，他的议论进一步发展出"日本的文明化应以西方文明为目标"的论点。

三、日本文明化的基本规划

精读三：第二章《以西方文明为目标》（一）

（一）文明是相对而成的

福泽在第二章开门见山地写道："我在前一章说过，事物的轻重是非，都是相对而言的。同样地，文明开化也是一种相对的说辞罢了。"（第二章《以西方文明为目标》，25 页）。那么，"轻重是非，都是相对而言的"这一句话是什么意思呢？在前一章，福泽还说道："没有轻者，就不可能凸显重者；没有善者，就不可能凸显恶者。是故，所谓轻者，较重者为轻；所谓善者，较恶者为善。因此，如果没有相对关系，轻重善恶都不能存在了。"（第一章《确立议论的出发点》，15 页）照这个说明，"文明"是相对而成的，它必然具备一个与之相对的概念，即"野蛮"或"未开化"。所谓的文明，只有在与野蛮相对的关系之下才能成立，同样地，野蛮只有在遇到文明时才能被称为野蛮。

视文明为相对的概念，这样的观点涵盖了以下两个层次：第一，所谓的文明，须有野蛮这一对立的概念，即文明是相对于野蛮而言的概念，就好比是善恶相对一样。从表述福泽推动日本文明化决心的"要前进而追随文明，还是后退而返回野蛮"这句话可看出，福泽把文明与野蛮视为相对的概念。进而言之，说文明是相对的概念还意味着我们说 A 社会为文明，是因为和 B 社会比较而言，并不存在 A 社会绝对文明的意思。这就是其第二层面的意义。总而言之，"文明"是相对于"野蛮"而言的概念，并不是绝对或独立的概念。

（二）由文明论划分的世界：文明与野蛮

文明是一种相对的概念，换言之，它在与野蛮相对的关系之下才能成立。文明、野蛮均为相对的概念，这个事实告诉我们，如果某个社会被视为文明社会，也必定有另一个社会自然地被视为未开化的、野蛮的社会。此事表明，文明与野蛮的关系，不只是程度上的相对关系，还存在对立的关系，即文明这一概念的成立，势必连带产生野蛮这一对立的观念。①

因为有"野蛮"，所以才能有"文明"——我们必须留意文明这一概念在结构上的特质，因为文明这项特质正是构成福泽文明论

---

① 关于"文明"是"相对"的概念，福泽在第一章的开头便说道："轻重、长短、善恶、是非，都是相对而生的概念。"也就是说，他认为"轻"是相对"重"而存在的概念，同样地，"文明"是相对"野蛮"而存在的概念。丸山真男对此却只是从相对主义的角度进行理解，他指出"文明""半开化""野蛮"在福泽眼中是在"文明化"历史中相对存在的各个阶段，而所谓"文明"是指"文明化"的过程，并进一步申论道："所谓的文明并不具有固定的样态，而只是文明化之意。这是最重要的。"（《读〈文明论概略〉》上，94页）

的基本结构。①顺带一提，"文化"这一概念就不像"文明"那样，是相对的概念。"自文化"的对照是"他文化"，而不是"非文化"。只有在文明论式的对比或对立的关系结构上解释"文化"概念的时候，"他文化"才会被"非文化"取代。

由此可知，文明论按照"文明"及其相对的概念，把世界诸国划分为"文明国""半开化国"以及"野蛮国"。福泽的文明论也是如此，即以"文明"及其相对的概念，把世界地图用不同色彩涂装。他的文明论是一种在理论结构上必须仰赖"文明""半开化""野蛮"等概念才能成立的议论，换句话说，文明的概念只能在半开化国、野蛮国确立之后，才得以确立。就如同后文所阐述的，文明论原本是以日本的先进化、文明化为目的的议论，之后竟演变成另一种思维，即脱亚论。脱离后进亚洲诸国的思维，并不是无缘无故冒出来的，而是在文明理论之内找到理论基础，进一步发展出来的。那么，福泽的文明论如何为世界地图着色呢？

如今在判断世界各国的文明程度时，通常以欧洲诸国及美国为最上等的文明国家；以土耳其、中国、日本等亚洲诸国为半开化国家；以非洲、澳洲等为野蛮国家。这样的区分已成为世界共识，不单单只有西方诸国自诩为文明，连被判定为半开化的或野蛮的地区，也服膺这个说法。这些地区的人民甘愿接受半开化、野蛮等称呼，且不以为辱，没有人出

---

① 如上注所指，丸山真男解读福泽的"文明论"时，与其说他注重"文明"相对于"野蛮"而成立的论述结构，不如说他更重视相对主义式的思考方式。这样的阅读方法，让他对福泽文明论所隐藏的脱亚论观点欠缺敏锐的观察。

面夸耀本国的情况，认为本国胜于西洋诸国。(25—26 页)

当然，这种区分法本来就是依循西方文明国家的观点与思维模式来划分的——视欧洲国家为具备最高文明的地区，再把亚洲、非洲及澳洲等国家，分别判定为半开化或野蛮。福泽指出，这种划分法竟然是"世界共识"，它不仅在西方国家通用，连半开化或野蛮地区的人民也无异议。不仅如此，他还指出"遍透事物之理"的知识分子，反而因为"对自己国家的情况了解得更透彻，而更深刻地体会到自己远不如西方，忧之患之，有人开始学习西方国家，有人亟思图强以与西洋并驾齐驱。这个问题在亚洲，仿佛成了知识分子的终身之忧"。(同上，26 页)

基于西方产生的文明论划分的世界文明地图，在 19 世纪中后期逐渐扩及东亚地区，日本和中国都为这样的观点所制约。因此，不属于西方文明的地区要讨论文明论或文明化时，都必须经过一个步骤，就是承认西方的文明论，并按照西方对世界的区分来理解世界，这个"全世界的通论"不只在西方地区通用，连非西方地区的人民也无异议地接受这一事实。然而，我们不得不发出疑问，世界的人民为什么会接受这么偏颇又不公平的区分法呢？对于这个疑问，福泽给出的答案是，世界的人们肯定它是"清楚又明显，且无法否认的证据"。[①]

---

① 福泽的文明论，把这个西方文明论的世界地图当作范式，与日本人共享。他在《以西方文明为目标》一章中，指出这种世界的区分是"世界的共识"，这一点在讨论他的文明论本质时，至关重要。然而丸山的《读〈文明论概略〉》似乎有意避谈福泽这个观点，反而从近代史观的角度，以"进步史观"来解读。

（三）文明化的第一阶段：野蛮状态

福泽以"野蛮""半开化"及"文明"如阶梯般进化的三阶段，来把握文明化的过程。他说："这是人类必经的阶段，或者可称之为文明的年龄。"在此我们该注意到，福泽在判断文明或野蛮时，究竟是把怎样的社会状态或特质当作条件呢？他凭借人类社会的什么现象，来评定该社会有无文明呢？从下一段引文我们可以窥知福泽的文明论哲学与世界观。他说：

> 第一，居所不定，饮食不备。为了一时的利益而成群，利益尽了便各自离散。虽能定居务农，自给自足，却不知如何使用机器。虽能发明文字，却不知如何发展为文学作品。非常害怕天灾，依赖他人的恩惠与威严。只无为地等待祸福偶然的降临，却不去想办法招福避祸。这样的人群可称之为野蛮，离文明甚远。（26页）

福泽勾勒出与文明社会相对立的野蛮社会之图像。他的文字让人立即联想到卢梭在《社会契约论》一书中叙述的与人类社会状态相对立的自然状态吧！然而，我之所以想以获生徂徕（1666—1728）所描述的自然状态来做对比。徂徕所谓的自然状态，是指先王圣人尚未创造人文世界之前的原始状态。我之所以提出徂徕，其实是有原因的。像徂徕这样一位德川时期著名的古学派儒者，他所谓的"先王之道"思想，对明治时代的启蒙思想家影响很大，对近代国家社会的建设，尤其是在法律制度的建设上，也有莫大贡献。[①] 在福泽《文明论概略》的叙述中，其实可以找到与徂徕思想的不少联系。

徂徕写道：

> 圣人未兴之际，人民星散，无法统一。人们只知有母，不知有父。子孙长成后则各适四方，互不联系。生于世则专注于着眼前的享乐，不去思考生命之始终。死后不加埋葬也不加祭祀，任由鸟兽喙啃，肉体一旦腐烂，便如草木般回归尘土。他们因此未曾真正得到作为人的幸福，也未曾成为真正意义的人。因此，圣人编造鬼神之说来统理他们，建立宗庙来安置他们的遗体，奉供谷粮来祭祀他们的灵魂。[②]

徂徕认为圣人假借鬼神（祖先的灵魂）的存在，并制定祭祀鬼神的礼制，使人类得到统一。这里描述的是人类尚未建立起共同体

---

① 西周与加藤弘之两人往往与福泽一同被视为明治启蒙思想家的代表。他们一方面批评构成其思想基底的朱子学，另一方面又重新评价徂徕学。徂徕通过"礼乐刑政"来论述人类社会与社会的存在方式，这引起了明治启蒙家的注意与新的评价。关于徂徕与明治启蒙思想的关系，可参照拙论：《先王の道は礼乐のみ》（《江户思想史讲座》所收，东京：岩波书店，1998年）——译者附注：中文版为陈玮芬译《先王之道礼乐焉尔》，《中国文哲研究通讯》14卷，4期（台北："中央研究院"中国文哲研究所，2004年）。

② 收录在《徂徕集》卷十七《私拟对策鬼神一道》一文中。其中描写了圣人制定祭祀之礼前，即共同体出现之前的人类自然状态。请参照拙论：《"有鬼"と"无鬼"の系谱》，《"事件"としての徂徕学》（东京：筑摩书房，2000年）所收。——译者附注：中文版收入赵京华编译：《东亚论——日本现代思想批判》（长春：吉林人民出版社，2004年）。

的自然状态。可以说，若不是徂徕提出把人类视为社会性存在的观点，便无法描绘出如此这般的自然状态。接着让我们来为徂徕所谓的自然状态与福泽的野蛮状态做个比较。福泽所谓的野蛮状态与徂徕所谓的自然状态，意义不尽相同，前者已形成群体，开始了农渔业的自给自足式生活，甚至也发明了文字。这么看来，其生活应该不再停留于非社会性的自然状态了吧？然而，福泽把它称为野蛮，又是什么缘故？那是因为在这种生活里看不到任何积极进取的态度，人们都只是"等待祸福偶然的降临，却不去想办法招福避祸"，在一种停滞的状态中自满自足。而从此可以反推出来的是，福泽分辨停滞社会与文明社会的基准，就是该社会是否能不断地追求进步、往理想迈进。在福泽的文明哲学里，人类的野蛮状态并不单纯的只是一种原始而非社会的自然状态。所谓非文明的野蛮社会，乃是不带进步之志的停滞的社会。

（四）文明化的第二阶段：半开化状态

那么，福泽如何判定文明发展的第二阶段——所谓"半开化状态"？按照福泽的分类，除了土耳其、中国外，日本应包括在半开化国家之列。这么看来，福泽对半开化社会的描述，不仅反映出他对亚洲的认识，也反映着他对母国日本的认识。他形容道：

> 第二，农业已经相当发达，人民能衣食无虞，已经知道搭建房屋，形成都邑。从表面看来，已经具备国家的模样，但其内涵尚不足为正式国家。在学术方面，文学研究相当盛行，治实学的却非常少。人们内心往往充满猜疑忌

妒，乐于讨论事物之理，却不敢发言提问，抒疑解惑。他
们的手艺虽然工巧，擅长模仿，却缺乏自行创造的能力。
虽然懂得沿袭旧文化，却不懂得将它改造成新的。在人际
关系方面，虽不是没有交际规则，但因为往往流于惯例习
俗，规则遂无法发挥实际功能。这种社会可谓半开化状态，
即尚未达到文明之程度。（27 页）

福泽虽然也将土耳其等亚洲诸国列为半开化的国家，然而他在
这里所描绘的社会，实际上是以中国、日本的社会为基础的。半开
化社会与野蛮社会相比，已经具备国家的基本样态，建有繁荣的都
邑，在文化学术上，也有一定程度的发展。既然如此，福泽究竟认
为是哪些因素的缺乏，让这些国家无法称为文明国呢？不足称为文
明国的理由又是如何？首先可以注意的是，在上述引文中福泽指
出，半开化社会虽存在着学术，人们却不热心于实学的研究。福泽
对实学的看法，我将另作说明。但在这里可以提示的是，福泽所谓
实学，并不是一门追求内在心灵的无形之学，而是追求外在事物的
有形之学。在他眼中，所谓的学术进步只限于后者的发展，而非前
者。此外，福泽还指出半开化社会的人际关系是封闭的。在其人际
关系中起支配作用的是"猜疑忌妒"。而文明的社会刚好与此相反，
是建立在人们互相敢问的、自由开放的人际关系之上的。他认为，
通过人民活泼的发言与议论，才能呈现社会的健康与不扭曲。除此
之外，福泽还指出半开化社会在创造精神方面的欠缺。可以看出，
福泽认为"模仿"会压抑人民创造精神的萌芽。这里所谓的"模
仿"与"耽溺于旧习"的心态有同一根源。因此，福泽论及半开化
社会的人际关系时说：虽不是没有交际规则可言，但因为往往流于

惯例俗习，使规则无法发挥实际功能。

由此，应可了解福泽所谓的半开化社会，是通过文明论批评所记述的东方旧式社会。虚学、模仿、封闭的人际关系，以及耽溺于旧习的精神态度，都可以归类为旧式文明社会的特质。那么，第三阶段的文明社会又是如何呢？

（五）文明化的第三阶段：文明状态

福泽说道：

> 第三，天地间的事物已有完整的规范，在此规范内人们能够充分发挥自己的才能，朝气蓬勃，不耽溺于旧习。他们拥有完全的自主，不求他人的恩惠、不屈从他人的威严。他们自行陶冶内在的道德智慧，不羡慕古代圣贤，亦不满足于现状；不会驻足于眼下的小稳定，喜欢对未来大事展开谋略；勇敢迈进而毫不退缩，努力向上而毫不懈怠。他们对无形之虚学不感兴趣，热衷于有形之学，奠定创造发明的基础。随着工商业日益繁荣，而造福于生活。其思考能力不仅可满足当前之需，且有余力谋策将来。这就是现代的文明状态，与野蛮和半开化相去甚远。（27 页）

从上文可以看出，福泽"文明论"所谓的文明社会，并不像前面所见野蛮状态那样停滞无进步，又不像半开化状态那样人民耽溺于旧习，而是一种向进步与理想不断迈进的社会。它的人民具备能动性、独立性、革新性、实践性以及计划性等特质。福泽指出，今天我们所见构成与支撑西洋社会的，即此独立进取之气象，亦即文明之精神。福泽对文明社会的见解，决定了之后日本文明化的方向与战略。

（六）日本文明化的战略

由野蛮到半开化再到文明，福泽说，这是人类必经的进步历程，任何社会都不能例外。他认为西方社会仍旧处于文明化的过程中，尚未达到文明的极致。由西方诸国的现状便知：即使先进于其他国家、地区，但依然可见不少野蛮、半开化的痕迹留下来。福泽说："战争是世界最大的祸患，但战争在西方国家里却是最常发生的；强盗杀人是人类的一大罪恶，西方国家同样有盗贼与杀人犯。彼国有大批勾结争权者、失权不平者，更何况他们对外交际时，更可谓权谋术策无所不用其极。"（同上，28 页）福泽非常了解西方国家的霸权主义，他也知道在世界史上最常发生战争的也就是西方国家。由此可见，福泽认为西方并不是实现文明化最好的模范，那么为何他还是把西方当作日本文明化的目标呢？他说：

> 如今欧洲文明实已到达世界人类智慧的顶峰。既然如此，世界其他诸国，无论是野蛮或是半开化，只要意图谋策本国的文明进步，就必须以欧洲为目标，并确定议论的出发点。种种利害得失，都必须由此出发点进行讨论。因此，本文所论及的利害得失，都是以欧洲文明为目标，在这个前提下衡定的利害得失。这一点还请读者不要误解。（29 页）

福泽明确指出，以西方国家为本国文明化的目标、并作为讨论本国文明化的基准，就是因为欧洲文明至少在当时各国文明中体现了最高水平。而把西洋文明设定为现今日本的目标，则出自环顾当时世界之状的战略性考量。福泽为日本近代化设定的西方文明化目标，是实际见到西方诸国霸权主义状况之后，所设定的战略性目的。之所以称为"战略性"的，是因为这个目的与文明化的策略，是日本这个受体有意识的选择。所谓战略性的文明化并非单纯与西洋同化。不过，近代日本这一战略性的西洋文明化意识，即使是福泽本人，也在西方霸权主义面前产生了动摇，摆向与之同化的一边。而现实中日本近代国家形成过程的实际走向，正是与霸权主义的欧洲同化的道路。

（七）外在的文明与内在的文明

由《文明论概略》可以看出，福泽以西方为目标，具有明确的战略性。他很清楚地知道日本应该向西方文明学习什么、不该吸收什么。首先他区分文明为外在与内在，并解释道：

> 任何文明都兼有两个不同层面：一个是表露在外在的事物层；另一个是隐藏在内里的精神层。这两者是可以区别的，即前者容易学成，后者不易学成。要提高国家的文明程度，应先吸收不易学成的那一方，再吸收容易学成的那一方。而在吸收不易学成的那一方时，必须检讨自己学会了多少，再来调配容易学成那一方的吸收速度。如果打乱了这个步骤，或把容易学成的优先于不易学成的，势必

导致本末颠倒。(29—30 页)

福泽说道,所谓表现于外在的文明事物是:"衣装、饮食、居住,乃至于政令、法律等,耳目感官能听见看见的一切。"这些外在事物与支撑于内的精神密不可分,但因为前者比较容易模仿,因此当时的日本人往往视之为文明化的表现,造成观念上的误解,甚而形成潮流。他反省这个潮流,反问人们道:"譬如最近由西方陆续传来的衣装、食物、家具,真能当作文明化的实证吗?剪去发髻者或由素食改肉食者,就等同于文明开化的人吗?"答案很明白:"当然不是。"但现实并不如他所愿,模仿西方外在文明即等于文明化的错误思想,不仅在人民中间蔓延,甚至影响到国家的文明政策。福泽指出:

> 日本人在建设都市时,模仿西方建了洋房及铁桥;中国人也模仿西方而在短时间内改革了兵制,花大把金钱制造军舰、购买大炮,这些不顾国情而滥用财力的做法,多不为我辈所乐见。其实这种表象的文明化,只要有人力便可以做到、砸钱便可以买到。因为这些都是显在的有形之物,学起来也很容易。正因为如此,我们在学习西方文明时的轻重缓急,必须审慎地思考后再做决定。(30 页)

福泽这段话表面像是在批评中国,单纯地以为扩编军事、强化兵力等表面的改革,就能促成文明化。但是福泽其实是在指桑骂槐,批评日本。显然他认为"金钱万能,砸钱购买"如此层次的文明化,在文明化过程当中"最容易做到"。那么,哪一层次的文明化才是最不容易做到的呢？福泽说：

> 模仿西方盖洋房、建铁桥，是很容易做到的。但是学
> 习西方来改革本国的政治法律，却是相当不容易的事。我
> 国虽有洋房和铁桥，但在政治法律上却从来未进行过改革，
> 也从未举办过国民会议，就是因为它有些难度。再进一步，
> 由学习西方文明而学习如何改变国民气质，则是最不容易
> 做到的了。那绝非一朝一夕、一蹴可成之事。（32—33 页）

吸收外在事物，导入文明利器是容易的，但这种层次的文明化
甚至可以比喻为"不招而来，不求而得"，不需要太费力。相较之
下，制度规则上的文明化比较难，而最难的就是人民精神、气质之
感化，即精神层次的文明化。福泽承认精神、气质的文明化最难，
但他认为这种层次的改革一旦成功，那么制度规章层面的改革就容
易许多。一旦实现了制度规章的改革，那么国家的文明化基础就打
稳了。显然可知，在福泽眼里，文明化过程中最该先着手的，并不
是那些容易做到的表面事物层次，而是那最棘手的人民精神气质层
次。他说道：

> 衣食住等生活上的有形之物，不必刻意去学习，只要
> 顺其自然之势，便不招而来，不求而得。因此可以说，要
> 学习欧洲文明，应该先难后易，也就是说，从人心的改革
> 着手，从而推及政令，最后推及有形之物。如能照此步骤
> 推行文明化，便可得要领，虽然还是需要努力，但将少有
> 妨碍，顺利可成。（33 页）

以上是福泽根据他的文明论哲学所建立的文明化策略。精神层次的文明化、民心改革，虽然不容易做到，但是只要实现了这一层次的文明化，国家社会便可奠定文明化最稳定可靠的基础，后续步骤必定顺利无碍。从这里我们可以清楚看到福泽文明论的特色——注重人民气质的感化，即注重精神层次的文明化。换句话说，福泽的文明论，把人民的智慧与道德的文明化视为最重要的课题，并由此展开言说。在这里我们能够清楚看到，一位拥有启蒙思想的知识分子为日本近代提出了最积极的文明化规划。

（八）人民精神的文明改革

正如后面我们要谈到的，福泽把人民精神层次的文明化改革，视为人民智慧道德成长的一个阶段。当然，他所谓的文明化前提，是"以西方文明为目标"。而题为"以西方文明为目标"的第二章主题，也是他再次申说的："我之所以把欧洲文明确定为我国文明化的目标，就是因为要具有此种文明的精神必须从那里方能求得。"（同上，32页）显然福泽文明论是把西方文明当作楷模，把人民心态与精神层次的文明改革放在第一位，并且把文明改革当作日本文明开化最重要的课题提出来的。可是，关于福泽的日本文明化战略，亦即将文明精神的革新置于最优先地位的战略构想，丸山真男评析说，这样的文明论是"针对当时的状况截长补短的论断"①。

---

① 引自丸山《读〈文明论概略〉》上，120页。当然丸山并未使用"文明化的战略"这类语词，事实上他并没有像我一样故意使用这类语词强调福泽对文明化规划的意图。如正文中所见，丸山始终针对福泽以"截长补短"的方式来接纳西洋文明之论进行批判。

丸山还说，日本接受西方文明时，曾出现过两种不同的截长补短论。一种是佐久间象山（1811—1864）等人所提倡的"东方道德／西方艺术（技术）"，这是一种"各有所长"的态度；另一种是"开化先生"式的态度，即"凡西方风习，皆无不善者，遂汲汲于模仿"。丸山认为后者是为了与前者唱反调而产生的。我无法判断他这个看法的对错，但不管如何，丸山把福泽的文明论归为批评上述截长补短论的言论，这一点值得注意。维新时期出现过许多不同的言论，彼此复杂交错，我认为福泽的言论必须置于此特殊的言语脉络中来把握。若只单纯地把它归类为批判论，岂不是对福泽文明论打了大折扣吗？这就是我对丸山论的批评。可以看出丸山对福泽的高度肯定，但他的解读实际上反而减低了福泽论述的价值。这是因为丸山费了不少篇幅凸显福泽对"开化先生"的批评态度。然而这些论述让人不得不怀疑，福泽难道只为了批评或反对，才主张文明论的吗？丸山又指出，福泽的文明论注重精神方面的改革，是为了"反对"象山他们的截长补短论。若真是如此，那么福泽的言论岂不也成为反对象山的另一种截长补短论吗？我个人认为，丸山把佐久间象山等人"东洋道德、西洋艺术"的主张视为截长补短论固然不妥，但把福泽文明论视为对前者的反驳，则更是错误的。

福泽文明论的目的与期望，始终就是提高人民独立的精神、形成独立的近代国家，没有其他。就目的而言，他的期待与在维新革命中丧命的象山，也有殊途同归之处。只是生活在幕府末期的象山，深刻地了解西方国家霸权的一面，为了牵制西方势力、预防其威胁，势必强调"东洋道德"来强化本国自有的精神力量。问题是，如何培养这种精神力量？其实，象山"东洋道德"这一句话早已提示了方法——通过复兴本国文化传统，来培育作为近代国民的基本精神。除此之外，则是福泽提出的方法——从人民的意识层次进行彻底改革，来为新国家的新文明奠定基础。如果我们回想福泽在《绪言》中的话语："即使把文明化称作'始造'，也算不得夸张"，便可以了解文明化在他眼里与"文明的创造"是等同的。这一点在他的文明化规划里具有根源性的意义。

（九）文明社会，"多事"的世界

福泽认为文明社会的一大特色是：人民怀抱理想，且积极迈进。相反地，野蛮或半开化社会的特色是社会停滞。在停滞和前进这两种社会里，要如何看待权力（腕力）与知识（智识、智德）的关系呢？福泽提出了重要的观念——野蛮社会里，知识是从属于权力的，它本身不具备"独立地位"；半开化社会里，知识人往往受政治控制，服从于政府权威，知识虽然存在，却未发挥独立的作用。福泽指出："虽然有少数知识人靠自己的知识谋生，却往往与社会脱节，封闭在古学或诗歌文章的象牙塔中。"显然在半开化社会中，知识也没有取得独立地位。那么文明社会的权力和知识的关系又如何呢？福泽说：

> 文明社会的人事渐渐变得复杂，人民在身心上的需求也增加了，遂出现许多新发明。工商业与学术界都产生了分化、专业化，以便响应人们不同的要求。生活在这样的社会里，人们再也无法满足于往日的单一生活。战斗、政治、古学、诗歌，都不过是单一项目，不可能独占权力。千百事业一起发生、一同成长、互相竞争，但不至于造成

不公平现象，反而通过切磋琢磨，提升了人民的品德气质。这么一来，知识与智性得以取得独立地位，我们也在这个社会中看出文明的进步。（35 页）

可见福泽认为社会生活的多元化是文明社会的标志。如果说未开化社会是"无事的社会"，那么文明社会则是"多事的社会"。福泽说："如今欧洲诸国的社会，正是多事的社会。"在这样的社会里，连政治都成为"单一项目"，本身无特权也无法侵害其他领域的人事活动。而未开化的"无事"的社会，则是一种唯政治是从的社会吧！政治权势控制了一切人事活动，成了一元化的社会。这样的社会与通过多元竞争而成长的"多事"社会，截然不同。福泽认为人类社会的进步必须通过多样化的竞争而来。他从文明史的角度，对人类社会提出以下的观察：

若人类的活动越单一，思想也将越专一；若人类思维越专一，社会权力也将越偏颇。从前社会事业少，人们没有足够的活动空间，权力势必偏重于一方。然而随着时间流逝，人们为了满足身心需求而不断开发新的活动空间，无事的社会逐渐变为多事的社会。如今欧洲诸国的社会，正是多事的社会。所以，文明进步的关键是开发人们的活动、提高人们的需求。无论事业规模的大小轻重，都要以积极开放的态度去吸收，这样可以使人们精神活动更加活泼、多元。（35—36 页）

福泽文明史观的独到之处，是把社会由"无事"的"停滞"到

"多事"的"进步"的变化，视为在价值观上由"一元"到"多元"的变化。所谓政治一元的社会，是指政治价值凌驾其他一切价值的社会，一切活动都受到政治支配。而在所谓多元性社会中，政治不再是唯一价值，只是种种价值之一罢了。这也透露着福泽对亚洲专制政治形态的批判态度。从这一视点出发，福泽描绘了一个典型的专制国家中国，另一方面，通过与此种形象的中国对比，引出了他对日本的权力结构饶有趣味的观察视点。由此，福泽的论述进而步上了解构与重构"国体论"的方向。在日本近代国家创设时期，作为具有批判性的政治言论，其论述在此得到了充分的展开。

（十）专制的国家：支那论

围绕文明社会的成立，福泽提出了立足于文明史的重要观点。他的文明史论把社会从"无事"到"多事"的文明化过程，与政治从一元到多元的变化过程结合为一。这样的观点势必促使他把亚洲的停滞王国——中国，与前近代的日本进行比较。我们或可发现，中国作为停滞王国的观点，在福泽叙述由野蛮到半开化再到文明的阶梯式发展时早已存在，只是读者尚未发现或还没注意到而已。福泽进一步说："再往下推论，可发现一件事实，即关于支那与日本在文明上的异同比较。"[1] 福泽"推论"的前提，就是上述以多事、多元为文明化特色的观点。但让人感到疑惑的是，为什么由这个观点可推论出中日政治比较论或中国专制论呢？丸山在《读〈文明论概略〉》中对此没有存疑，而表示福泽的中日比较只是单纯

---

[1] 福泽谕吉的《文明论概略》谈及中国时皆称"支那"。——译注

为了证实"文明进步经由社会活动的多样化而产生。如果社会活动多样化,单一价值社会自然会被淘汰,人民将获得自由与开放"这一命题,"并不是对日本与中国本身所作的全体性比较"。(丸山真男《读〈文明论概略〉》上,138 页)然而,将《文明论概略》中对日中两个国家权力构成所展开的比较研究,处理成只不过是文明论命题中的一个例证,丸山的这种特意说明,反而让我们感到诡异,他似乎害怕被人发现某件事,即被读者发现福泽对中国的负面看法。

无论如何,福泽文明论所描写的中国,事实上是一个东方的发展停滞的、唯政治是从的一元社会国家。正如福泽自己所云"文明为相对"这一概念所显示的,必须存在与文明社会相对峙的,即反文明的或停滞社会。这或可让我们联想到黑格尔的历史哲学中所描述的、作为"反世界史"的东方形象。[1]问题不在于福泽文明论有没有受到历史哲学的影响,而在于黑格尔的世界史,是以欧洲文明成立史为理论基础的,它本身就是文明史的典型代表。由此可以推论,福泽在《文明论概略》中所谓停滞国家的中国论,并不是丸山所说一般单纯的举例,而是基于欧洲文明论所自然推知的理论结果。因此"再往下推论,可发现一件事实,即关于支那与日本在文明上的异同比较"这一句所表达的,只是其文明论展开过程中的一个必然的逻辑环节。福泽指出:

---

[1] 有关黑格尔历史哲学中的东方形象,请参见拙论《ヘ—ゲル"东洋"概念の紧缚》[《"アジア"はどう语られてきたか》(亚洲是如何被叙述的)所收,东京:藤原书店,2002 年]。——译者补注:本文有中译,徐兴庆译《黑格尔"东洋"概念的紧箍咒》,收入子安宣邦著,陈玮芬译:《东亚德学:批判与方法》,台北:台湾大学出版中心,2004 年。

　　凡是纯粹独裁的政府或所谓的神权政府，往往借用天赐权力来解释君主之所以尊贵的理由。获得至尊之位与至强之力的君王，便能支配人间社会，控制人之思想。而服从这种政府的人民，他们的思想观念不得不趋向于单一化。（36 页）

　　在福泽眼里，无论是独裁政治（autocracy）还是神统政治（theocracy），那些唯政治是从的一元社会都把"至尊之位"（权威）与"至强之力"（权力）结合为一，同时也结合了宗教权威与政治权力。他认为权威与权力的结合，不仅控制了人的思想，还支配了人格。[①] 这种社会的人民只服从绝对的主宰，社会中只存在以政府为主轴所构成的支配－服从的单一关系，专制支配社会的典型结构清楚可见。《文明论概略》的叙述重心由此而转向对古代专制国家——中国的叙述上。它以专制与自由的消长关系为主轴，叙述了由周王朝末期的乱世经春秋战国时代直至专制统一的国家——秦王朝的形成过程。

　　福泽说："支那在周朝末期，由于诸侯各成割据之势，几百年来人们几乎忘了周室的存在。虽然天下大乱，但也由于独裁专一的元素的衰弱，人心略得舒缓之余地，出现了思想的开放与自

────────────

① 　丸山认为这是"尊重价值与权力价值是否能等同的问题"，而非政治支配结构如何的问题。丸山常把问题还原到近代性思维或近代性价值的层次来论述，在此竟显露出滑稽的面貌。他甚至由个人层次的价值问题来谈，说："如果从个人层次来看，有人会认为我并不需要被人尊敬，只追求权力；又有人会认为我并不需要权力，受人尊敬更重要。如此而产生价值的选择，从而出现自由的社会气息。"（《读〈文明论概略〉》上，139—140 页）

由。"（36页）福泽通过西周末年到战国时期的历史演变，来叙述专制权力与思想自由之间的颉颃关系。这诸侯割据的乱世，同时也是诸家蜂起、百家争鸣的时代，福泽却视之为中国三千年的文明历史中极短暂的自由时代。他说："支那文明三千多年的历史中，只有周朝末期的社会，容纳了不同的言论以及对立的观点。"（36页）秦始皇统一天下，实行"焚书坑儒"的举动，福泽认为"不是因为秦始皇讨厌儒家"，而是"想禁止百家论争"。他说："众口悠悠，对专制政治特别不利。"因此福泽认为专制政治与百家之论无法并存，秦始皇要完成专政，就必须禁止异说。这又显示着"争论有害于专制政治形态，而争论中必有自由"。也就是说，争论是自由之母。从而福泽导出一个重要的结论——"如果社会要求言论的单一化，即使该言论本身如何纯善，它也绝对无法通向自由，因为自由只有在多事与争论中才能存在。人们应当明白这个道理"。福泽还指出，此一由秦始皇创设的专制国家，与自由、多事的文明社会正相反，是作为专制、单一的国家社会成立的。（37页）

> 多事与争论为人民思想播下了自由与开放的种子，一旦被秦皇斩草除根，社会又会回归独裁政府统治之下。之后即使改朝换代，人际的交流方式也从没有改变过。社会仍然由结合了至尊之位与至强之力的绝对政府所支配，而执政者为了支配的方便，只容许孔孟之教传世。（37—38页）

福泽指出专制帝国与单一国教之间的关联，政治支配的一元化与思想支配的统一化是相关的。若依此反观日本，会怎样呢？日本是拥戴神圣天皇的国家，这从根本上说，岂不是与专制帝国无异吗？况且，中国至少有改朝换代的史实，日本却由同一姓系皇室来代代支配，那么，日本人民能拥有的精神自由的空间岂不是更狭小了吗？

（十一）日本：权力与权威的二重性

"支那虽拥有独裁政府，却也发生过革命改制，日本则由皇室的同一谱系相传，万代无改，因此日本的民心更为固陋狭窄。"对于持有此种论断者，福泽反驳道：

> 我日本古时也由神权政府支配社会，即执政者结合了至尊之位与至强之力，人民对此支配毫不迟疑，这和支那人并无区别。然而到了中世武家的时代，社会结构发生变化。之前在人心目中理所当然地成为一体的至尊之位与至强之力，拆开为二。恰如胸容二物，任其自由活动一般。（38页）

古代天皇制结合"至尊之位（权威）"和"至强之力（权力）"，和中国的状况相同。当时日本人的思想自由也受到一元政治支配的压制。借用福泽的话，当时日本人始终"耽溺"于天皇专制的思想，过分执着，而失去了自由思考的空间。到了中世时期武家政权建立后，日本的政治权力版图发生了变化。一方面幕府获得实际政权，另一方面，朝廷作为权威之所在的事实仍然存续。政治权力上出现"至尊不见得是至强；至强不见得是至尊"的情形，亦即权力与权威分离的现象。福泽认为，日本人的思想出现了权力和权威的二分观念，由此带来体制与人心的变化，并扩大了思想自由的空间。与中国"耽溺"于专制一元的政体下的人民相比，日本处于二元分立的政权下，社会与人心不是停滞的，而是能够活化的。

> 既容二物活动于其中，仿若夹杂着另外一些道理。由是之故，尊崇神政、武力压制与兼顾两者的理论，三种思维各有强弱，不可能有某者独大。当某一种思维的作用过大时，将让人们失去自由思考的空间，这样的社会很难产生思想自由的风气。又如果将这种状况与支那人那种拥戴独裁君主的、至尊至强结合的、耽溺于单一思想的状况相比，则两者明显不同。可以说支那人思想贫瘠，日本人思想富裕；支那人无事，日本人多事。经常进行思考，想法自由且丰富的人，将可少些耽溺之心。（37—38 页）

福泽指出有"尊崇神政""武力压制"以及"兼顾两者的理论"这三种思维存在。他是基于怎样的原理来形成其社会理念的呢？福泽认为权力与权威的分离，会导致新理论的出现，也代表着人心产生了自由。他说权威与权力的二元化，以及所导致的思想自由，都是当时日本偶然出现的幸运。他指出："至尊和至强，这两种相对的思想，竟能保留自由思考的空间，并开启理论性思考的发端，不得不说是日本的侥幸。"（39 页）日本的这个侥幸，衬托出近邻老大国的不幸。他强调中国人"崇拜集至尊与至强于一身的独裁君主"，"耽溺"于至尊且至强的君主支配，当然是闻不到一丝自由气息的。因此说："支那人思想贫瘠，日本人思想富裕。"

中国这个大国拥有专制政府与缺乏思想自由的人民，这是从西方文明史角度所看到的形象，也就是以欧洲为文明精神发祥地时，所描绘的作为"他者"的中国形象。福泽的《文明论概略》和西方的文明史论一样，将中国视为文明论的他者，日本则被纳入文明发展的过程之中，而非过程之外。据福泽的说法，日本之所以能争取到如此的位置，正因为权威与权力的分途。[①] 而他同时也指出，权威与权力的分途，完全是日本历史上的侥幸。

（十二）历史的侥幸

权威与权力的分途为思想自由创造了空间，福泽将此称为"偶然的侥幸"的说法很重要。这句话并不单纯是说历史上出现了偶然的幸运，更与当时日本人的历史认识密切相关。所谓当时的日本是指：武家政权在德川政治体制下维持三百年而终于崩坏之后，天皇在"王政复古"的口号下再度被推上政治舞台，明治政府启动新体制的时候。"历史的侥幸"这一句与如此的"时候"密切联动着。

> 在当今情势下，固然无法期待武家复权，但在幕府政权七百年的历史当中，假如出现了王室夺回将军武力，或将军篡夺王室之位，再度结合至尊之位与至强之力于一身，

---

① 在此引用福泽比较中日政治思想的叙述："支那代代延续独裁的神权政府，日本以武力对抗神权政府。支那的中央只有一个，日本的中央有两个。就此事论文明化的先后，支那必须经过一次改变才能及于日本。所以日本比中国更易于吸收西方文明。"

并同时控制了人们的身心的情况，那么现在的日本就不可能存在了。或者如果像那些皇学者所主张的那样，今后日本走上祭政一致的道路，以祭政一致的体制来支配人间社会的话，现在的日本将不复存在。幸好目前的日本并不是如此，这真是日本人的福气。（39—40页）

伴随着"王政复古"口号而启动的明治新王政，假如按照政治的最高统率者同时也应该是神道的最高祭祀者的"祭政一致"主张组织实施，那么，思想自由便无法持续，今后也不可能再现。眼前的日本不至于此，真是"日本人的福气"。福泽这段话不仅让人深刻地感受到幸运，也提醒人们这个幸运全来自历史的偶然，是一种极为脆弱的福气。明治的新体制伴随"王政复古"的口号而启动，也导致"继承神谱的神圣天皇是国家的绝对者，建立天皇制度的国家是近代化的最正统者"这一主张的出现。这个主张很可能演变成"国体论"，并规定近代日本的国家论的样式，而作为历史认识的"皇国史观"也将规定近代日本人的历史观。福泽通过"我日本偶然的侥幸"一句话，微微透露出这种幸运可能稍纵即逝的危机感。

福泽的文明论必然与主张"神政府"重新降临的"国体论"产生正面冲突。因此我们继续阅读他的文明论时，可以看到他如何怀抱着危机感与"国体论"进行对峙，那是一场在明治初年的情境里才会出现的激烈交锋。

四、文明论对"国体论"的批判

精读四：第二章《以西方文明为目标》（二）

（一）国体论的解构

最早使用"国体"一词把日本国家自我神圣化或自我尊贵化的言说，以后期水户学学者会泽正志斋（1782—1863）为代表。在他所撰著的《新论》一书中，我们可以找到例子。作为应对国家危机的政论，《新论》是在幕府政论社会中具有重大影响的著作。在此书中，会泽提出了日本应对外来危机所应采取的五策，即"国体""形势""虏情""守御""长计"五项政策。会泽在该书首章《国体》里说道："一曰国体，即以神圣、忠孝为建国理念，之后遂造就了尚武、重民命的国家风格。"[①] 由此处可以清楚窥知"国体"的基本观念——凭借建国神话，来规定国家固有的风格体式。会泽还表示，日本是由皇祖神谱系的皇室子孙所建立的神圣国家，天皇传承着这个正统血统，而人民与天皇之间的关系，建立于忠诚精神之上，彼此交流。因此日本的国体称得上独一无二、优秀无比。会

---

① 会泽正志斋：《新论》，收在《日本思想大系》53"水户学"（东京：岩波书店，1973 年）。

泽的国体观，相当强调"国体"之神圣、尊贵的意义。从此之后，"国体"更强调"固有"与"绝对"的一面，并渗透到教育理念之中。《教育敕语》说道："这正是我们国体的精华，教育的根本存于其中。"如此的国体观念，通过《教育敕语》的传布，作为日本的国家正统意识形态，基本统治了近代日本的整个社会。

面对如上所见的国体观，福泽采取了相当激烈的对峙态度。就其激烈程度而言，让我们足以猜想，福泽其实早料到了如此的国体观将会给日本带来麻烦。福泽在《文明论概略》中毅然决然地表示，《以西方文明为目标》一篇的旨意与如此国体观毫不相涉。他甚至还以批评的态度为读者预测，国体观念在日本推行文明化的政策时，必将成为巨大的绊脚石。此外他还针对国体论者提出警告："国体与文明绝不可能并行。"

不过，福泽也指出，国体观在社会上具有让许多论者不得不噤声的副作用。我们于是可以猜测，国体观在明治初年已经成为一种权威，令言论界弥漫着无形的压力。福泽形容那些沉默而不敢发言的论者："仿佛尚未交兵的两军，未战就急忙各自撤退。"他表示，如果论者以如此的态度面对对方，就不可能看清"和与战的走向"，所以应当以"彼此积极讨论、互相认识"的态度面对对方，"这样或许能不经由交战，而得到和解"。（40页）

福泽在这里没有说要与国体论全面对决，却似乎是在说文明化与国体观能够并行。我认为应该把这一态度理解为对国体问题的现实性之战略考量。福泽的论述，与其说反对国体论，毋宁说是站在文明论的角度对其进行重新解读。从态度上判断，福泽似乎是想"和解"，而不是要对决。然而换个角度来看，福泽对国体概念的解读简直是对国体观的彻底改造，我们看见的绝不是"和解"，而是激烈无比的对决。

关于国体论的结构，福泽从三个不同的层次进行了论述。首先，他关注国体的思想内涵，讨论"天皇－臣民"这一日本特有的体制结构。他通过国家（nation）之相对角度，重新诠释具备绝对性的"国体"概念，使其原有的绝对性质转化成为相对性质。如此一来，仅日本才有的"国体"，就变成每一个国家都有的"国体"了。同时，他又让"国体"中以国家为主的思想特质，转换为以构成国家的人民（国民）为"国体"的主角。这才是福泽所谓的"国体"。第二，他关注了国体思想中，以天皇制国家为正统的思想观念。他将之视为关乎政治权力体制的正统认知问题，即不关乎"国体"而关乎"政统"的问题。即使是"国体断绝"的问题，福泽也认为那关乎"政统（政治体制）"的变革，而不该视为"（作为国家、国民风格而言之）国体"的延续或断绝，两者并不相同，故不应混同。第三，福泽讨论了皇统的延续与断绝的问题。皇统思想在传统的国体观中占有最核心的位置，然而福泽把该思想归为"血统"问题，通过血统／国体的对置，以令人震惊的方式探讨了所谓国家的连续性问题。[①]

由上述概要可发现，福泽对国体观念的讨论是从"国体""政统""血统"三个方面分别进行的。他由文明论角度对国体论的结构进行分解和重构，于是我们也可以把福泽这一连串的讨论视为对

[①] 本文将"国体""政统""血统"之三论视为构成日本国体论的三个层面，由此可进行国体观念的解读。不仅如此，这三个侧面各自构成一套国体解构论。然而丸山只注意到其与基佐文明论之间的关系，几乎忽略了福泽为何把国体论分解为上述三层面这一问题，因此丸山的评价并未充分体察福泽的用意和意图。

国体论的解构。下面我们将接着通过对《国体》一篇的精读,具体去了解福泽如何进行国体观的讨论。

(二)绝对国体观之解体

福泽写道:

> 第一,试问"国体"一词指的是什么?暂且不谈世间对它的了解如何,让我陈述一下我自己的了解吧!"体"就是合体,即体裁,意思是聚以成形、能与别体做区分的形体。凡是同种同族的人比较容易聚合成群,固定的群体从而产生。属于某一群体的人与另一群体相遇时,便会产生我-他之区别,并产生一种相对他群、他国而言的本国意识。人们将开始区分本国人与非本国人,把前者视为自己人、后者视为非自己人,在对待自己人时,比起对待非本国人多些热忱亲切。这是所谓的"国体"。这种群体往往拥戴单一政府,心甘情愿受到管理支配。然而,一旦有其他政府来进行管理支配时,便会引发强烈反弹,因为人们认为,无论是幸或不幸,自己国家的命运是由自己承担的,不愿受其他国家干涉。这也就是所谓的"国体",相当于西方语言中的"nationality"。所以无论任何国家,都有自己之"体",例如支那有支那的"国体"、印度有印度的"国体"。西方诸国也皆有自己的"国体",且非常积极地保护它。(40—41页)

从上一段引文中可以看出，福泽以"nation（国家、国民）"的概念，取代了"国体"的传统含义。有人认为福泽使用的"nation"一词，是以约翰·穆勒的《代议政体论》中"nationality"的定义为基础的。[①] 可以说，福泽采取了欧洲式的国家概念，即"nationality"的概念（认为国家必由人民自主拥戴的单一政府来维持，是完全独立于其他的共同体）以重新构成"国体"的概念。那么，人民为何聚以成群？对此问题，福泽的看法不禁令人联想到历史学家雷南（Ernest Renan）的国民论。他说："人种、宗旨、语言或居住场所的同一性，都存在着各种不同的原因和动机，其中最重要的就是历史经验的相同。因为经历同样的社会与时代，而抱有怀古之念。这种怀念的情感是使人聚合的最大要因。"[②] "国体"观之中把本国视为独一无二的绝对观念，经过福泽的民族性（nationality）重构后，正如他所言，"无论任何国家，都有自己之'体'，例如支那有支那的'国体'、印度有印度的'国体'"，相对化的国体观由是成立。此外，"金瓯无缺"一语为日本国体的绝对性锦上添花，席卷了 20 世纪 40 年代的国体讨论。然而事实上，此种夸饰日本国体绝对性的言辞早在明治初期就已经存在。福泽对"国体"的民族性（nationality）重构，一鼓作气地扭转了"国体"的绝对意义，使之具有相对之意。同时，人民（国民）则从"国体"思想中的边缘，被推往核心，"国体"的新概念于焉而生。

---

① 丸山之所以论及此事，是参阅了安西敏三《福泽谕吉年鉴》中的论考。（《读《文明论概略》》上，164 页）

② 参阅雷南：《国民について》，收入鹈饲哲译：《国民とは何か》（インスクリプト，1997 年）。

福泽把人民设定为"国体"的主要概念,"国体"思想因而面目一新。同时,围绕国家延续或断绝的问题也传递出重要的信息。国家的延续是指什么?直至最后的血统论,这是福泽的国体论最核心的关怀,也是他提出的关键问题。

（三）何谓"国体"的断绝?

福泽所诠释的"国体"概念,并非在历史上保持不动、不变,并具备同一性、绝对性的概念。他说:"国体在各个国家的历史中,并非静而不变的,而是不断变化更迭的。有时聚合、有时分歧、有时伸张、有时缩短、有时甚至在中途灭亡、消失无踪。"（41—42页）

那么,他所谓的国体之断绝,究竟是什么意思呢?他解释道:

> 国体的断绝与非断绝,并非由语言、信仰等条件的有无来衡量。即使语言、信仰存在,而人民、政治的主权被他国侵占,就表示国体已经断绝了。（42页）

"国体的断绝"一词,其实在日本现代史上具有重要的意义。"二战"中的日本,掌权者不愿意让"国体断绝",导致无数人民在广岛、长崎的核爆中无辜死亡。掌权者情愿付出这般牺牲来换取的"国体",究竟是什么东西?福泽的国体新论给了我们答案——当时日本为了维护以天皇为主的旧"国体",而放弃了以人民为主体的"国体"。导致这个灾难的起因,必须追溯至八十年前,即明治时代。福泽指出,"国体"的断绝并不等同于皇室的断绝。"人民失去政治的权力，为他国人所支配"时，"国体"才是真正断绝。"印度人被英国人统治，美国的原住民被白人驱逐出境，失国体之甚矣。"显然对福泽而言，应当被保护的是一国人民独立的主权。他所谓的独立的国民，意指对自己国家能有主权的国民，所谓的保护"国体"，意指保护国民拥有的主权。因此可以说，福泽所论"国体"，是以国民主义——nationalism 的概念——为基础来讨论的。他说一个国家的"国体"，意味着某个国家的国民以独立自主的态度所展现的风格或状态。那么为何福泽这种立基于国民主义的 nationalism 思想，后来会变质为对外扩张的国家主义的 nationalism 呢？关于这个问题，后文还会详细讨论。

（四）政治体制变革的可能性

这里先把焦点转移至第二个问题，即"政统"上。福泽把对政治体制之正统与否的关心，即"political legitimation"的问题称为"政统"论。在此，福泽之所以把作为国家形态的"国体"与"政体"区别开来，是与政治体制的变革有关的。他认为，已具备特定体制的政府，因发生政治变革而失去其正统性，那么此类正统的消失或转移，是"政统"的改变，而非"国体"的改变。

"政统"的变革往往仰赖战争。福泽表示："比方说，在支那，秦始皇将周朝后期的封建制变为郡县制，欧洲在罗马帝国衰微后，遭北方蛮族攻伐，建立封建制，这些都是其证据。"（43 页）他同时也表示："随着人文的进步，学者议论的权威化"，人们开始可以不仰赖武器，而实行政统的变革。他说：

以英国政治为例。将英国现今的政治体制与 18 世纪相比，可以发现两者的差别仿佛云壤之隔，仿佛两个不同的国家。17 世纪中叶到末期的几十年间，英国国内曾因政权转移而爆发内乱。然而到了 1688 年，威廉三世即位之后，此类内乱便不再发生了。英国的政统有过好几次变革，但因非关干戈，因此人们并未敏锐察觉。未发生变革前，他们以为自己眼下的政治是正道，变革发生之后，他们依然相信眼下的政治是正道。（44 页）

福泽以英国不靠武力的变革为例，其实是借以提示日本政治变革的可能性。从这里可以清楚看见他处理国体论的谋略——就是解构那让国体论者坚守不疑的、用"金瓯无缺"来表示的一种完美无伤、永存不朽的传统国体观念。他向国体论者有力表明，日本国家是国民的，这（国体，也就是 nationality）与政治的体制（政统，也就是 political legitimation）必须有所区别，不可混淆。政统有了变革，国体并不会因而改变。他表示："政统的变革与国体的存亡，两者并不相关。因此无论政治样态产生何等变化，只要能够维持国民自主，就无损于国体。"（同上）福泽认为，所谓"国体的断绝"并非政统的变革或废除，而是国民自主性的消失。他说：

保持国体，是坚持不让他国人掌握政权。例如美利坚合众国在选举总统时，人民总是把票投给本国人，理由就是如此：基于人情之常，让本国出身的人掌政。（44—45 页）

显然在福泽的眼里，所谓国体的延续，并非君主政治般，在国

49

家政体上延续，而是国民独立自主的状态延续不变。这是由国民主义立场出发的国体论。他也通过先进诸国的先例，了解国民主义的精神也可能向外发动，成为蹂躏他国独立自主的国家主义。同时，他也明白战争是世界无上的祸害，但文明先进的西方国家却总是发动战争。（28 页）再者，西方先进诸国的殖民主义，正阻碍着亚洲诸国民的独立与自主。上述对文明先进诸国家的认识，贯穿着福泽"国家之独立"说的基调。即使如此，福泽对国家国民独立自主的强烈愿望，驱使着日本也走上先进文明国的路线。[①] 然而，对当时的日本而言，这是唯一能选择的路线吗？这是完全无法避免的路线吗？在 20 世纪，日本选择了走上先进文明国的路线，而如今我们也已经看见这一选择所带来的历史结果。当面对福泽所留下的信息时，应视为一个值得探讨的课题，以史为鉴，深刻反思。

（五）血统与"国体"的连续性

福泽的国体论触及传统国体论最根本的问题，那就是"皇统"的延续问题。对此，福泽通过实际的历史证据，说明了"国

---

① 日本学习先进欧美文明国家，迈向独立文明国之路，但这样的政治选择，导致日本也仿照欧美的殖民主义，意图将其他亚洲诸国纳入本国的支配控制之下。对于此，福泽在明治十五年（1882）便发表社论文章指出："印度支那人被英国殖民，受支配者窘迫而支配者逞威。我日本人一面同情受支配者一面羡慕支配者，暗自希望有朝一日也能宣扬国威，不仅要仿照英国，统御印度支那之土人，还要把英国踩在脚下，一手掌控东方之威权。这在血气方刚的壮年所立下的誓约，如今尚不能忘。"[发表于明治十五年（1882）十二月十一日《时事新报社说》，收录于《福泽谕吉选集》第七卷，东京：岩波书店，1981 年]

体""政统""血统"的不同性质。他解释道:

> 国体、政统、血统,是各自独立而存在的。因此有时
> 会出现血统不变,政统已经变易的情况。英国政治沿革或
> 法国加洛林王朝(The Carolingians)就是其例。有时则
> 会出现政统变革,而国体不动如山的情况。世界诸国中有
> 许多例子。另外也会出现血统未改,国体更易的情况。例
> 如英国人、荷兰人侵占东方之地后,不更换原本在位的酋
> 长,但由英、荷两国来支配该地政权,是最显明的例子。
> (45页)

在本段引文中,福泽举出英国人殖民东方的实例,作为"血
统"未绝而"国体"已绝的说明。这可说是针对血统论者所进行的
强烈反击。无论如何,历史上从未有过"国体""政统""血统"三
者皆相续不断的情况。日本的史实也能让我们知道"政统"的变革
其实不断在发生。福泽从政权移转的角度叙述政权与朝廷的关系。
他说:

> 初时国君亲临视事,接着由外戚之辅相专权,其后政
> 权转至将军之手,再转至陪臣之手,最后回归将军。渐成
> 封建之势,持续到庆应末年。政权一旦离皇室而去,天子
> 徒留虚位而已。山阳外史评论北条氏道:"视万乘之尊如孤
> 豚。"其言甚是。(同上:46页)

在福泽笔下,政权的转移凸显出空留虚位的天子与没落的

朝廷。福泽由《山阳外史》援引北条氏专横地把天子的尊位评为"如孤豚"的说法，并表达由衷的赞同。"其言甚是"这句话让我们发现，"皇统"这种让国体论者引以为傲的尊贵之物，其实也不过尔尔。即使如此，世间舆论依然经常把"国体"和"血统"混同为一，有时竟把"血统"看得比"国体"还重要。于是福泽以人身做比喻，指出"国体相当于身体，皇统相当于眼睛"，说道：

> 看到眼睛里有光芒，可以判断身体并未死亡。但是若想维持身体健康，就不能只照顾眼睛而无视全身的活力。如果全身的活力衰退了，眼睛的光芒也不得不消失。然而有人却只重视眼睛，不重视整个身体。他们看到眼睛睁开的尸体时，不问身体有无生机，依然误以为这个人还活着。所以，英国人统治东方诸国时，往往故意留存其眼，而谋杀其整个身体。（46—47页）

这是最"健全"的启蒙论述。之所谓"健全"，是形容其国家观的健全——健康的国家建立在健康的身体上，即健康的人民之上——这健康正确的原则贯彻在上述言论中。然而福泽这种健康正确的原则，在近代化的进程中，逐渐被独尊皇统的国体观取代了。福泽以英国"杀体存眼"的殖民支配为例，讽刺那些只顾血统的顽固国体论者。需要保护的究竟是血统的延续还是国体的延续？国体等同于血统吗？福泽对国体论的文明论批判，尖锐地直指这个问题核心。

（六）必须护持的"国体"是什么？

那么，必须保护的到底是什么样的"国体"呢？一般所谓的"国体"，是主张"金瓯无缺"、颂扬"皇统"永垂不朽。福泽以批判的态度，试图彻底剖析并改造此传统国体观。他说："既然如此，那么'金瓯无缺'所表示的，即是日本自开国以来国体维持整全，政权从未被外人占领过，如此而已。"（48页）必须被保护的，是国家的独立与人民的自主，在此意义下的"国体"，才能称得上"国之本"。且"无论是'政统'抑或'血统'的盛衰，都依从这个'国之本'"。南北朝时期为国体论之展开提供了历史舞台，其时发生了"王室失去政权，血统上发生改变"的大转变。但是福泽认为如此巨大的变动也不过是"在'金瓯无缺'的日本内部"发生的变动罢了，并不是在作为一个国家的日本内部所发生的变动。如此一来，"金瓯无缺的国体"观被彻底解构了。由此还解构了以皇统史为正统的日本国史。

福泽提倡把国家、国民视为核心的"国体"观念，并呼吁对它进行真诚的保护，乃事出有因。当时的日本正被先进文明强国"环伺"着，因此福泽表示："情况既然如此，作为日本人的我们应当承担的义务就只有一个——保护'国体'。所谓的保护国体，就是不要失去我国的政权。若要保护我国的政权，不被他国占夺，就必须提高国民的智慧。"

受强国环伺而必须保护"国体"的日本，刻不容缓的课题就是增进国民的智慧，即文明化。这所谓的文明化，当然是指以西方的文明为目标、以国民为基础的彻底改革。"我们还有时间犹豫不决吗？应当毅然决然地接受西方文明才对。"（49页）福泽由文明论立场所进行的国体论批判，如此收束。

（七）耽溺于旧习中

福泽谕吉表示，为了保护"国体"，必须尽快提高国民的智慧。换言之，文明化是日本的当务之急。那么这个问题该从哪里着手解决呢？他说："提高国民智慧的第一步，就是一扫那对旧习的执着，以便吸收西方的文明精神。"（48页）在福泽眼中，文明精神的吸收和"执着于旧习"一事不能相容。由此可以窥知，福泽国体论的批判对象，其实是国体观背后的某种精神态度，即对旧习的"耽溺"①。

丸山真男曾经针对福泽所谓的"耽溺"做过相当详细的考察。②根据他的考察，福泽所谓的"耽溺"是指"执著于以某事物为尊，不顾它在现实上的作用"之态度。丸山的理解来自福泽所言："物之贵，在于其作用"一句。这一句话，在我们现在作为问题核心的福泽国体论批判中，其实接在"君国并立之所以尊贵，并非其为我国固有，乃因吾人能够借此保护吾国政权，从而进一步提高吾国之文明"一句之后。让我们先放下丸山的解释，思索福泽的原意如何。

福泽以"皇统"与"（作为 nation 之意的）国体"并立的政治

---

① 译者按：福泽原文使用的是"惑溺"一词，在他的论述中频繁出现，本书移译为"耽溺"。

② 丸山真男：《福沢における"惑溺"》，丸山真男著、松泽弘阳编：《福沢谕吉の哲学》（东京：岩波书店，2001 年）。

形态为"君国并立"式的政权。这样的政权之所以拥有举世无双的尊贵性，国体论者认为是在于"皇统"的连续性，一般人也如此相信着。然而一般人并不会主动去思考这种"君国并立"式的政权，为何具备至高的权威。历代的执政者为了正当化自身的权威，制造出"皇统"的说法，国体主义者只是凭借这有名无实的叙述，颂扬其正统和尊贵而已。在此，福泽把这种为了正当化自身的权威而制造之物，以"虚威"名之。他借用"开辟草昧之世"的说法言道："如果人民不是因为思考了事物内在的道理后，对政府心服口服，反而是因为恐惧害怕于外在的虚势才服从，那么统御之法也只好配合这样的气质，假借没来由的表面威风。这叫作政府的'虚威'。"（50—51 页）这种虚威的政权虽然没有实质的道理撑持，却很容易为自己装扮出强大威严的假象。他说道：

> 一旦以虚势得到威权，此后越使用虚威，权势会越扩大。人们日益屈服于庞大的权势，年深日久，虚威将构成政府的样态，受到再三的修饰，其繁足以炫人耳目。人们受到此包装后的权势所迷惑，顾不得实用性，以为所修饰的外形是金玉，群起保护它，不惜牺牲一切、不问利害得失。或者，在君主与人民之间强行划开界线，仿佛两者全然相异般，在等级、服装、文章、语言等事物上，都设定了上下不同的章法。（51 页）

"等级、服装、文章、语言"就是形成"虚威"的原料，在繁复的修饰后，不管是执政者还是被统治者，都被它蒙骗了。福泽说这种为虚威所欺瞒的样态是"耽溺于虚威中的妄诞"。前述"物之贵，在于其作用"是福泽用来批评那些为虚威所蒙骗者的话。人们在被迷惑的情形下，遂容许"神格政府"施行专制，且盲目服从于专制政府，造成一种恶性循环。文明精神可以斩断此恶性循环，一扫人民"耽溺于虚威中的妄诞"。面对受过文明精神洗礼、理解文明之所以为文明的人民时，政府要做的只有一件事，即"依据事物内在之理，制定法规，由国民去遵守法规的威严"。福泽所谓"贵于作用"之意，正在于此。

敏锐的读者可能已经察觉到了吧！丸山对于"耽溺"的理解是"执着于以某事物为尊，不顾它在现实上的作用"，这其实已经脱离了福泽所论述的、具抗争性的文脉，是在近代性思维样式下所进行的理解。关于福泽的"耽溺"及丸山对此概念的诠释，容我在下章再度进行讨论。福泽说：

> 然而如今弃"实"就"虚"，外形之虚饰反而令人更增痴愚，耽溺之甚矣。坚持虚威者，即以愚弄下民，使之返回开天辟地的原始状态为上策矣。（52 页）

福泽的文明论，是企图与这种"耽溺于虚威"相对抗的论述。虚威者，必须一再地夸饰虚威，以至于把自身扩张到无限庞大。人民为其外表所迷惑、蒙蔽，而益加愚昧。福泽所言并没有错。试想，明治国家呼喊着由文明出发的口号，其实不也利用了神武天皇的肇国神话，企图增添自身的光彩吗？再回头读读福泽的话："坚持虚威者，即以愚弄下民，使之返回开天辟地的原始状态为上策也。"我们反复咀嚼福泽论述的同时，必须深刻省思，近代日本国家所实现的，实际上就是将人民驯化为臣民的天皇制国家。

五、文明的社会与政治体制

精读五：第三章《论文明的本质》

（一）与文明相对的语汇

如前所述，福泽认为，对于新日本而言，文明化是刻不容缓的课题，此文明化以西洋文化为目标。他还说，文明是野蛮、半开化社会之后，那发展得较高阶的社会。福泽试图与东洋传统社会相对比，呈现文明社会的内容，并进一步指出，"耽溺于旧习"之人的想法，有悖于日本文明化之急迫课题，此类妨碍文明进步的想法需要受到严厉的质疑。在此基础上，福泽提出下列质问——"文明是什么？"

文明是什么？文明应当如何定义？福泽顺着基佐在《欧洲文明史》中的论述，探索文明的内容。[①] 首先，文明该如何定义？福泽说，文明的狭义是"以人之力，尽可能增加人类的日常需要，例如

---

① 《文明论概略》第三章《论文明的本质》中，围绕基佐的《欧洲文明史》第一讲《文明概论》中的文明定义反复议论。《读〈文明论概略〉》上的第六讲《文明与政治体制》中，丸山详尽地引用基佐的原文来回顾福泽立论的基础。为了了解福泽议论的前提，笔者也将它当成素材参考，按照我的观察，福泽消化了基佐的议论后，提出了独特的"文明论"。

增加衣食住等层面的虚饰"。文明的广义是"研智修德，以提升人的高尚地位"。（57页）然而这里所谓的广狭，可以视为表面浅层的文明观，与深度的、本质的文明观之区别。福泽在这里以"文明之要旨"来界定的，当然是后者。然而，文明是相对于野蛮、并与人类社会发展阶段相关的概念。本来人类就是"以相交为本性"，即具备社交性的存在。人类相互之间必须通过活泼的交际，才能形成公民社会。文明就是由活跃地相互往来的公民所建立的社会，再以此社会为基础建立国家。福泽对文明的定义，也依循着这样的理解。那么就让我们依据他的文明定义，来检视其论证过程：

> 说起来，文明本来就是相对的词语，它是没有极限的，唯有逐渐脱离野蛮而进步。本来人类便以相互交往为本性。独步孤立，则无法激发才智。即使是家族相聚，仍不足以完备人类的交际。必须要与世相交、人民相互接触，交际才会越益广阔，法律也从而完备，人情相和，智识渐开。文明的英语是 civilization，源自拉丁语之 civilis，即"国家"之意。故文明是形容人类交流逐渐改善的词语，相对于野蛮且漫无章法的独立，意为形成一个国家之体式。（57页）

福泽在《文明论概略》第二章（本书第三章）的开头，便清楚地将文明定位为"相对的词语"。他说：事物之轻重是非，都是相对而言的。同样地，文明开化也是一种相对之词。（25页）虽然文明状态相对的是野蛮状态，但是文明的概念却不是与绝对主义相对的相对主义概念。当然就福泽的国体论批判看来，他表现了一种和绝对主义式的强硬立场（绝对的国体论）相对化的思考（相对的国体论），企图与国体论述进行对决。但是丸山却将福泽所谓的"相对之词语"单纯理解为相对主义的概念，可以说是一种主观的理解。[①] 丸山一下笔就反复地强调："所谓文明即是文明化，因此不可能是相对的。"换言之，丸山认为文明是历史进步的过程，也就是文明化的过程，相对地，一段短期的过程不能称为文明。接着他申论道："说起来，文明本来就是相对的，文明进步没有尽头，文明化的过程不能称之为文明。"虽然文明社会是逐步文明化的社会，这个理解是没有问题的，可是由丸山的诠释可以看到，他把文明是一种与野蛮相对之后才得以成立的概念给消除了。所以在丸山《读〈文明论概略〉》中，虽引用了《文明论概略》，却对那些文明相对于野蛮的段落只字不提。若仅按照丸山的文字来理解福泽，将无法识别那被他剔除的文明相对于野蛮的关系。

可是，福泽的原文分明是说："文明的进步是没有限度的。然而，文明是一个相对的概念，所谓的文明化，是脱离野蛮而进步的过程。"文明的意义，必须在野蛮的相对概念之上来定义，才会恰当。丸山的《读〈文明论概略〉》一书始终忽略了文明与野蛮的相对，以及文明社会史与未开化社会史、停滞社会史的相对等论述。福泽在构造其文明论时，曾参考基佐所著《欧洲文明史》以及巴克尔所著《英国文明史》，他们在提到文明社会的发展史时，也同时记述了非文明社会，丸山却也不予论及。福泽依据欧洲文明史，展开自己的文明论述，并分析文明的性质，意味着他的论述中也具备了欧洲文明史的构造和特性——那是一种由文明史视角记述人类社

---

① 丸山真男：《读〈文明论概略〉》上，217 页。

会，并将文明社会与未开化社会、野蛮社会进行对照的论述。

丸山引用的福泽的文章，将文明理解为文明化的过程，亦即人类社会因相互交流而复杂化的过程。他说："文明的进步是'人类的交际'，也就是社会的沟通日益扩大而复杂化的过程。若缺乏此信息的交流，才智将无法发达。因为单是家族的相聚，不足以成为'社会'。这是福泽所提出的重要命题。"（读《文明论概略》上，215页）丸山所理解的文明，是文明化，亦即社会的复杂化过程。他通过福泽的叙述特别体认到"单是家族的相聚不足为'社会'"一事，这是一个"重要的命题"，要以之为教训。同时他在此"重要的命题"上，把福泽的叙述视为对"家族国家观"的文明论批判。所谓的家族国家观，是以家族的结合及秩序为母体和基础，所构造的国家观。这是支撑近代日本天皇制国家的重要意识形态。的确，对家族国家观进行批判是很重要的事，但是把福泽所谓"家族的相聚不足以完备人类的交际"当作家族国家观的"重要命题"，似乎不是细读，反倒是误读了。

在公民社会论里，家族乃公民社会成立的否定性因素，属于人类的自然结合体。丸山身为公民社会论者，想必熟知这点。福泽基于欧洲公民社会论，提出"家族的相聚不足以完备人类的交际"之说法，是为了说明由人们主动的有意识交流所构成的公民社会的社会性，所以他指出了家族作为自然结合体的非社会性，但并没有说家族应隶属于不完全社会化的过程所产生的结合体。若非如此，和辻哲郎的"国家伦理学"以"家族国家观"以及由家族到国家的人伦形态之展开，作为与西洋的公民社会及国家观对抗而建构的意识形态，就可能是一种误读了。附带一提，福泽区别"智"与"德"概念的"智德"论以及将以情感结合的家族划入"德义"领域，也需要与以制度和规范性思考所支配的社会作出区别。①

丸山读毕福泽文明论述后得到的结论是："文明化是自我与诸价值交汇融合的过程"，他认为文明化就是多元化社会的演绎。但是福泽围绕着文明的定义所反复探索的，应是如何让文明成为文明化的社会和国家的必要选项吧！让我们再一次重读前头所引用的福泽的话语：

> 文明的英语是 civilization，源自拉丁语之 civilis，即"国家"之意。故文明是形容人类交流逐渐改善的词语，相对于野蛮且漫无章法的独立，意为形成一个国家之体式。

福泽说，文明也就是 civilization，是社会在愈益复杂的社会流通里，逐渐文明化的过程，文明国家是一种相对于野蛮国家而成立的体式。文明意指文明化的社会，在这个意义上，文明的社会必须具备什么内容，才叫作文明的社会呢？我们有必要再次回头阅读福泽的文明论，探究这文明的社会到底是什么？

把文明放在文明社会的架构里来讨论，可视为福泽文明论的重要特质。福泽在此既提示了非文明的社会（或国家）类型，也明白地揭示了文明社会的形态。他所举出的非文明社会之例证，是根据基佐而来的。在基佐的论述里，非文明社会被当作一种"假说"。丸山指出在《文明论概略》中，如下的记述是"近乎原样照搬，实属罕见"。

---

① 《论应推行智德的时代与场所》，《文明论概略》第七章，179 页。

第一，此处有一群人民，其表面安乐、自在愉快，租税薄而劳役少，法律公正，惩善罚恶之道亦有度。衣食住等方面，让人不感缺憾。然而唯独在衣食住方面满足人民所需，却关闭了活化智德的管道、阻绝了自由的途径，视黔首如牛羊，牧而养之，只注意其饥寒。并且不只是由上而下加以压抑，又自四面八方加以胁迫，有如昔日虾夷人在松前之地受到的对待。这可谓文明开化吗？如此可以见到人民智德进步的状态吗？并非如此。(59页)

福泽所举的例子，是在支配者的统治下，只满足物质方面的需求，精神层面却闭之塞之，且无自由的社会，这是一种非文明的社会。福泽指出："(这)有如昔日虾夷人在松前之地受到的对待。"这是个受到保护也受到压抑的社会。由这里也可以透视殖民地国家被支配统治的状况。如下述：

第二，此处也有一群人民，其表面之安乐不若前述之民，但生活尚不至于不堪负荷。安乐之处虽少，智德之管道则未完全滞塞，人民有提倡深奥学说者，所议论之道德，也有所进境。然而自由之大义却丝毫不得实行，事事物物皆受限制。人民之获取智德，却好像贫民求取救济衣食般，不能自由取得，必须仰赖他助。人民之求道，不能为自己而求，必须为他人而求。亚细亚诸国人民受神权政府束缚，活泼气象尽失，陷卑躬屈膝之境，即如此类。这可谓文明开化吗？如此可以见到人民智德进步的状态吗？并非如此。(59—60页)

　　在这样的社会中，受支配的人民智德并非不发达。其中可见提倡深奥学说的人，关于道德的讨论亦颇兴盛。但是这些讨论并不是人民的自立精神所导致的结果，而是他律的、依存上意所产生的结果。统治者恣意束缚人民的自由。基佐说："这是亚洲多数民众的处境。在神权统治下，人类的进步也停滞了。印度就是如此。"[①] 福泽根据基佐的意见，进一步诠释道："亚细亚诸国人民受神权政府束缚，活泼气象尽失，陷卑躬屈膝之情境，即如此类"。由此可以看出福泽与基佐的论述，的确共同拥有欧洲文明史的结构特色。

　　西洋文明史能够成立，必然伴随着非文明的、反文明的东洋记述。东洋在 19 世纪通过欧洲的文明史来认识自我，那是一个与欧洲文明史刚好相反的映象。对于基佐而言，西洋的反面、非文明的东洋形象，就是印度。对于黑格尔或马克思而言，先进欧洲的反面，先是印度，再者就是中国。欧洲在经济、政治以及军事各方面扩大自己的视野，先把印度纳入，然后把中国纳入。对福泽而言，反文明的亚洲专制王国可以举出古代中国以及古代日本，它们都留有专制的支配遗习。福泽文明史既然以欧洲文明史为典范，并与之享有同样的结构特色，那么这些关于落后亚洲的论述，是他无论如何不可能不触及的。丸山的《读〈文明论概略〉》却对这文明史论的特质只字未提。

　　福泽的文明论，在面对专制支配的旧习时，采取一种对抗的、战斗的姿态。由他对国体论的批判性解构，可见一端。同时，福泽的文明论旨在以西洋文明为基准，批判东方的专制王国——古代中国，并协助近代日本迈向"脱亚入欧"之文明化道路。

---

① 丸山真男：《读〈文明论概略〉》上，223 页。

（二）文明是什么？

福泽沿着基佐的思路，通过对"非文明社会"的描述，试图探明被定义为文明的社会成立之原因。除了前述两个事例之外，他又举出第三个事例，试图说明欧洲近代社会反封建却还是出现了封建社会。他说，社会的掌权者恣意地"以大制小、以强压弱，只凭暴力支配人民。昔日欧洲即是如此"。（60 页）这样的社会不能名之为文明。而他举的第四个例子，是自然的自由状态之原初未开化社会。他说道：

> 第四，此复有民，人人行动自由，亦无逞强较劲、大欺小强欺弱的情形。欲行则行，欲止则止，各人之权利义务无差别。然则此间人民不知人际交流之况味，众人皆用力于一己之私，不顾全体之公利，人民不知国为何物、亦不知交际为何事，世世代代，由生而死，死后复生，生死无别，历数代却了无生命痕迹。譬如方今野蛮人种所倡即是。虽不乏自由平等之风气，却不得称之为文明开化。

福泽在这里很忠实地通过译文描摹出野蛮世界那原始的、自然的自由。这种自然而生的自由，隐含着未开化社会的形象，那是由欧洲近代文明意识所勾勒的形象。前面三个例子都具体地指出社会之所在，但第四个例子却是依据欧洲文明意识想象出来的。相对于缺乏自由——构成文明社会的精神要素——的社会，塑造了非文明的未开化社会或者说自然状态的自由的野蛮部落社会。这不由得让我们联想到原始共产社会的形象。福泽在描述这个事例时，文字平淡不具生气，只以"虽不乏自由平等之风气，却不得以文明开化称之"作结。也许是这个"自由且平权，却算不得文明"的观念，已超越福泽想象所及，只得含糊地描述吧！①

至此，福泽举出四种"不得以文明开化称之"的社会形态，来回答"文明是什么"的问题。试图由这四种反例，推知文明社会的形象，那就是具备自由活泼的知性、自律的精神，人际平等、个人自由的社会。这是基佐以欧洲之文明社会为基准提炼的价值和理念。福泽也沿用此基准，以四个反例来导出文明的概念，作为对"文明是什么"的回答。他提问道："所举四例，无一堪称文明。然则名为文明者，所指何事？"接着对文明下了定义：

> 文明者，使人身安乐、心地高尚、衣食丰饶、人品高洁也。（60—61 页）

这是由前述四个文明的反例所导出的结论，遣词造句的风格也相当不同。即使有基佐的论述为基础，文明的定义在福泽手中，似乎也已经完全变成描述人类幸福样态的功利主义式的言语。所谓文明，是关乎人类幸福的，即涉及物质及道德条件的。但是福泽也指

---

① 丸山只是根据《欧洲文明史》里的记述，而没有看出其架构的特性，因而对于基佐举的第四个例子，即一种基于欧洲文明意识所构想的未开化社会一事，并未多加注意。所以就福泽所言："虽不乏自由平等之风气……"之段落，他做了极为认真的解说："某个意义上，是非常自由的，但因为不是靠积累，所以也没有跟着进步，没办法称为文明开化。"（《读〈文明论概略〉》上，227 页）

出，并非"人之身心皆受益者，可称为文明"，这也非文明社会的极致。因此他进一步说道：

> 此云安乐者、高尚者，意指其进步之状况也。盖因文明者，攸关人心之安乐及人品之进步矣。再者，人之安乐与品格乃出于人之智德，故文明者，可称为人之智德进步也。（61 页）

文明是人类社会物质的、道德的进步向上状态。人类社会的幸福意指人们"身心两方"的丰足，人们由此才能努力实现文明化。福泽上述"人之智德"，意指"众人之智德"。文明社会的条件是"众人的智德"逐步提升。而福泽文明论的后半部，也变成了智德论。不过，福泽依然得回应前述文明社会与政治体制之间，存在何种关联的问题。他在论述中将建构了文明定义的功利主义原理，视为具备强大批判性的原理，因为在明治初年，功利主义可以说是一种为日本社会注入新见识的批判性原理。

（三）文明要求特定的政治体制吗？

这是有关文明国家及其政体的疑问。观察西洋诸国的文明进程，迈向文明社会时，第一步就是打倒贵族，实现平等化社会。那么当看到日本士族权势已失，华族也颜面尽失时，文明之国还需要侍奉君主吗？文明需要特定的政治体制，如共和制吗？反之，君主制是否为文明社会不可不脱离的政治体制呢？有志于文明化，是否等于有志于某种特定的政治体制呢？这些疑问，关联着文明是否可以超越君主制的问题。福泽这本日本文明论，写于明治七年至八年，当时日本的政治体制还是个未知数，明治政府将士族视为反对党，镇压其叛乱，在与民权运动对决的同时，也与皇室御用学者的绝对君权论对抗，距离明确推崇宪法和议会君主立宪，还有好几年。其政体的选择可说是言论上政争的结果。然而另一方面，在"王政复古"的口号下起步的维新运动，是希望创造一个由天皇与臣服的人民来建构的君主国家，这个不稳固的国家体制（国体）也正是保守派人士坚持的。在众说纷纭之中，福泽的文明论要如何回答关于日本政体的问题呢？首先，他就文明社会与君主可否并存加以回答。

> 答曰：此所谓以管窥天，以偏概全，以片面论天下事矣。文明之物，不仅可大可重，也洪也宽也。文明，至洪至宽也。岂无容纳国君之地乎？既可容国君，又可纳贵族，又何必拘泥这些名称，锱铢必较呢？基佐的文明史里有言：君主政治既可在国民等级区分严厉的印度施行；又可以在人人平等，全无上下等级之分的国家施行；同时还可以在专制压迫的国家施行，亦可以在开化自由的国度施行。君主恰如一个珍奇的头颅，政治风俗则仿佛躯干，同样的头颅可以嫁接于不同的躯体。君主若如一种珍奇的果实，政治风俗则仿佛树木，同样的果实可以结在异种的树木上。此言诚如是。（62—63页）

福泽借用了基佐的文明史，来回答上述关于君主政体是否能够适用于文明社会的问题。他进一步整理这段话的要旨为："世上的政府是单纯为了人民的便利而设置的。政治的体制只要对国家文明有所助益，无论君主立宪也好、共和也好，不应拘泥于其名义，应该重其实质。"换言之，应该由是否能"对国家文明产生助益"的功利性角度，来思考何种政体能适合国家这个问题。再者，不应问其名义而应求其实质，意思是由名实论的角度来思考事情。这里所谓的"实质"，不是政体的体制，而是对于文明进步而言如何呈现实效的意思。因此他对于实质的吁求，其实就等于追求功利性。那么，对于当前的问题，福泽认为该如何进行思考呢？他认为就政体的理想状态而言，虽然"自开天辟地至今，世界各地尝试过各种各样的政府体制，如君主独裁、君主立宪、贵族合议、庶民合议等等"，但不可只观其体制之便与不便，更重要的是不能够"仅偏重一方"。换句话说，当考虑文明与政体的关系时，不应只考虑何种政体是文明的，而应该考虑哪一种政体最能够对社会文明的前进产生实际效用，因此他反对"偏执一方"的想法。所谓"偏执一方"，意思是譬如一昧地主张唯有某政府体制才是文明的，不顾其他，以该政体为无与伦比的政体——这样的想法就是"偏执一方"的想法。福泽以世界上的具体事例来说明：

> 1848 年，法国所施行的共和政治，徒具公平之名，实际上却十分残酷。而奥地利在弗朗西斯二世时代，虽然施行独裁统治，实际上却十分宽大。如今美国的合众政治虽然优于中国的君主制度，但墨西哥的共和政治却远不及英国的君主政治。故而不能够以奥地利和英国的政治优势，来赞扬中国的君主政治；也不能够因为羡慕美国的合众政治，而仿效法国和墨西哥的体制。政治应见其实质，不可

单以其名号来论断。政治体制的内涵未必完全相同，在议论何者为宜时，应抱持宽大的胸襟，切勿偏执一方。因争名而害实的例子古今并不少见。（63—64页）

福泽一方面列举世界上名实不相符的政体实例，另一方面再次强调"应重其实"，来凸显为"名"所限、"偏执一方"的错误。那么，福泽面对文明社会与政体关系之问题时，所强调的"功利论""名实论"思维，究竟在他的文明论中具备何等意义呢？

（四）是针对耽溺思考的批判吗？

丸山真男说，福泽看到人们"因争名而害实"的行为模式里，存在着所谓"耽溺"的惯性思维，在觉察这样的思维方式后，便于文明论述里展开对此类思维的批判。丸山甚至指称：打破此惯性思维方式，就是福泽文明论的根本使命所在。他针对福泽的名实论，提出如下的说法，这一段话明确地显示出丸山对福泽所持的看法，同时也透露了丸山本人的思想态度。丸山说：

> 所谓"因争名而害实"，正是"耽溺"的思维方式之一。为"耽溺"的思维方式所拘泥的话，将会如何呢？如同前面所申述的，福泽视"耽溺"为日本深处的病理。"耽溺"之旧习一日不扫除，便一日无法向文明前进，也一日无法达成个人之独立与日本之独立。因此他发自内心地认为，打破受"耽溺"所误的各种思维方式，是自己的使命。

就这个意义而言，他的想法与欧洲的启蒙思想是共通的。也就是说，比起一个个意识形态，不如说改变思维方式是百科全书家们的使命感之所在。①

丸山将人们"为名所限而忘其实"的想法归类为"耽溺的思维模式之一"，或者说直接视其为"耽溺"。他认为福泽文明论的使命所在，就是要打破此耽溺的思考模式。为何这么说？丸山解释道，是因为福泽看到了"此耽溺为日本深处的病理"。换言之，丸山认为是福泽觉察了耽溺的思维方式令日本的社会陷于病态，所以称福泽为该日本式病理的发现者。何谓病理学？按照字典的解释是："分类、记载疾病，查清其性状，研究病因及感染方法的学问。"由福泽的"耽溺是日本深处的病理"这句话，可知他的确是从病理学的观点来解读日本社会的。当采取病理学的角度来观察时，就已经把日本社会看成是有病的社会，并且呈现某种病状了，因此病状被认为其来有自（病因）。细观"此耽溺为日本深处的病理"这句话的意思是：日本社会的病状是"耽溺"，而病因是"耽溺的思维方式"。但是若深入分析，我不得不怀疑福泽的本意是否真是如此。这句话是出自丸山的思想，并非福泽真实所言。"耽溺是日本深处的病理"这句话，是以"将日本社会视为病理学对象"这样的观点为基础的。将日本社会当作一个"以日本式的症状为病因所构造的社会"——这种观点为昭和后期思想家丸山真男所独有，而绝不是福泽所有。丸山擅自将福泽和自己等同而观，以为福泽也和自己一样，在揭发日本式的病理。

————————

① 丸山真男:《读〈文明论概略〉》上，227 页。

福泽在第二章已经提过"耽溺"的概念（见本书精读四第七节）。福泽在批判国体论的文脉中，曾提及"耽溺"，他的态度是："关于民智发生之道，首要之务，就是一扫旧习之耽溺，积极吸收西洋的文明精神。若不扫除耽溺于阴阳五行之弊，就不可能进入穷理之道。人事亦如此，若不破除受到旧式风习所束缚之耽溺，就无法维持人与人的交际。而若能摆脱耽溺之习，则心智能往活泼之域前进……"（48页）福泽认为一日不脱耽溺，则一日无法往文明之域迈进。然而，就如同"穷理之道"（发现法则的合理思考）相对于"耽溺于阴阳五行"一样，所谓"耽溺"，其实指的是"为既存的价值观、既定的思考模式所局限，欠缺活泼的知性运作的、一板一眼的精神态度"。福泽经常使用"耽溺于旧习"一词来形容上述一板一眼的态度。这样的态度和活泼、开放的精神运作互相对立，是既死板又封闭的精神态度，或说是生活态度。这种"耽溺"的态度会招致一种严重的弊端，就是人们为依附于既存价值，被外物（名利的"名"）所蒙蔽，而忘其实际。例如受到官厅之建筑物、官吏之高位、昭示威仪的服装等等所炫惑，不深入思考这些物质是否能促进人民生活之便利等实质价值。福泽认为外在的地位和服装，既为世间之弊端，则以之为贵的风气"即耽溺也"。（50页）同时他也指出政府的虚威（表面上的权威）也和"耽溺"的风气息息相关。

不过虽然福泽批评"耽溺于旧习的态度"与文明精神背道而驰，但是丸山在《读〈文明论概略〉》一书中对于"耽溺"的批评，却只当作一般的、负面的精神态度来处理。他说："在讨论政治方面的耽溺之前，首先来说明普遍的'耽溺'概念吧！"丸山试图用自己的语言，代替福泽解释"耽溺"的概念，却让"耽溺"落入普遍的概念之中。他说：

> 所谓"耽溺"的思考态度，就是使用某物时，不知不
> 觉地忘却原本的目的，也不在乎该物具体的作用，单纯以
> "物之本身"为重。这样的思考倾向就是"耽溺"。本章之
> 结语中，福泽提及自己哲学的基本命题是"非物之贵，其
> 作用之贵也"。"耽溺"就是与这个态度相反，忘却了物之
> 作用，而仅重视该物本身。①

丸山把"耽溺"解释为不重视物之具体作用，而仅以物体本身
为贵的思考倾向。这么一来，福泽原先所谓的"耽溺"，在丸山笔
下就成为人们内在的负面思考模式而被普遍化了。丸山进一步指
出，"耽溺"正是福泽的文明论所欲挑战的思考模式，且这个思考
模式已成了日本人的痼疾。打破日本社会"耽溺"之思考模式，正
是福泽谕吉身为启蒙思想家的根本使命。如果顺着丸山的思路，把
"耽溺"之负面思考模式，当成福泽所打算解开的日本痼疾，并以
之为福泽作为启蒙思想家之根本使命的话，福泽应该会感到为难
吧？被丸山在前面点名的法国百科全书派思想家们，也会感到为难
吧？把福泽面对近代社会变革时所订下的"战略性课题"，限定为
改变近代思维模式的"思想性课题"，这是近代主义者丸山所为，

---

① 丸山真男：《读〈文明论概略〉》上，198 页。

绝非福泽本人的意见，更不可能是狄德罗或伏尔泰的主张。①

（五）经验主义批判的原则

　　福泽的发言可以说是"情境论"（situationalism）式的。这是因
为他的发言经常针对眼前的现实状况来论述，倒不是说福泽是个
见机发言的机会主义者。故而上述"应重其实，而非见其名"的
主张，作为福泽之功利主义原则，也可以视之为一种站在"情境
论"立场所发的批评原则吧！这么一来，由功利主义原则所发出的
对"耽溺"思维模式之批判，对福泽而言就是一种具体建构的论述
环境。福泽的情境式论述，并不是以日本人普遍陷于"耽溺"的思
维模式为讨论的基础。他看到那些顽固地坚持日本国家的政体非得
是君主制，或者反对君主制而坚持共和制才配称为文明的论客们，
始终无法自拔于"耽溺"的思维模式，遂希望通过自己的主张，动
摇他们的思想立场。明治初年，许多有识之士针对尚未定案的国家
政体发出各种议论，论者各自坚持己见，丝毫不肯让步。特别是那
些主张非君主政体不可的议论，认定唯有君主政体才能巩固国体论

————————

① 　丸山在《近代的思维》（《戦中と戦後の間》，东京：みすず书房，1976 年）
　　一文中指出："我希望在本文中，探究日本近代性思维的成熟过程。"他在战
　　后很快地表达了自己的决心，而他对于近代社会所进行的探究，可以说是
　　针对近代性思维的探究，也可以还原为一种对近代思维是成熟或未成熟的探
　　究。丸山由这样的探讨出发，指出日本社会就近代思维模式而言尚不够成
　　熟，或说是缺乏，并把这个缺点当作日本社会在结构上的病理来进行申论。
　　可以由《日本の思想》（东京：岩波书店）一书窥知丸山这个通俗的记述。
　　而我在《日本近代思想批判》（东京：岩波书店，2003 年）中，有对丸山上
　　述观点的批判，可参考。

的基础，就是一种受到既定思维所牵制，即"耽溺"的议论。这种议论受哪些既定思维所牵制呢？就是把君臣的结合视为最高伦理原则的思维。福泽由功利主义的立场出发，试图撼动这样的思维。他说：

> （主张君主政体者认为）世界各国，有人类就必然存在君臣的关系。其理看似如此，事实却不必然如此。在人类的世界里，不能没有父子夫妇，也不能没有长幼朋友，这四者是天生而来的关系，可以说是天性本然的关系。唯有君臣关系，是在地球上某些国家不存在的，像那些以人民会议为基础成立政府的国家，便属此类。这些国家之中虽无君臣，政府与人民之间却各有义务，其政治风气甚为美善。（66 页）

在这一段引文中，福泽以"人之性"来形容父子、夫妇、兄弟、朋友之间的关系，并指出君臣关系并不必然。所谓"人之性"意指人类的本性或自然特质，福泽认为在儒教所举的五伦（君臣、父子、夫妇、兄弟、朋友）中，除了君臣关系以外，皆属于人类原本拥有的关系。他是从世界上既存的事实来下判断的，并举证出其他国家的确存在不仰赖君臣关系而成的政治体制，且呈现美好的政治氛围。接着福泽指出，由于君臣关系不出于天性，而是基于后天的约束，因此是有可能变动的。他说：

> 因此主张立君政治者，必须先考察人性之本然，再论述君臣之义。应先了解君臣之义是否本就属于人性之必然，

或者是人类出生后才偶然具备的关系。根据各种事实看来，君臣关系的确是偶然形成的关系，基于这个关系被赋予君臣之义，并被赋予君臣之名号。一旦虚心静气，深入探求天理之所在的话，必然可以得知君臣之间的约束出于偶然的原因。既知其偶然，那么就不可不论此约束之利与弊了。（66—67 页）

福泽认为，一旦虚心静观君臣关系的存在，便可以明白君主臣从这样的约束，是人类后天基于偶然的因素所缔结的。它绝对不是一种奠基于人类本性的状态，而是后天经由人为联结而成的契约关系。这么说来，这个关系就不会是绝对的，且在判断这个关系的存在是否有益之后，它就应该是个可以选择、可以变动的项目。他先厘清君臣关系乃是人为的、后天的规划，以此否定它是天造地设的、人性本然的要求，这个经验主义式的认识，也让君臣关系在功利原则下，被认定为可变的项目。福泽接着这么说：

　　某事物之利与弊如果允许议论，则意味着该事物是可以被修正或改革的。可以加以修正或加以变革的事物，就不能算是天理了。因此子不能变为父、妇不能变为夫，父子夫妇之间的既定关系，是很难改变的。然而君变为臣却是可能的。汤武之放伐，即是如此。再者，君臣同席比肩，也是可能的。我国的废藩置县，便是个实例。（67 页）

"可以加以修正或加以变革的事物，就不能算是天理了"这句话，对于本着国体论"忠孝一本"的理念，口口声声主张"君臣父子，乃天伦之最要者"①的明治经验主义思想家而言，可以说是一记最中肯的批判了。

（六）合众政治的现状

若基于功利主义的原则，"君主政治"也是可能变更的。但是这并不表示"合众政治"可以取代"君主政治"。在功利主义的原则下，不容许君主制被当作绝对单一的选择，因此也不容许共和制被当作绝对单一的选择。论客们围绕着君主制或共和制孰优孰劣而争论不休，就是一种忘其实而争其名的表现吧！

主张"合众政治"的人，经常举美利坚合众国的例子，认为美国是个实现合众政治理想的国家。就其实现了作为合众国而独立的历史看来，的确如此。福泽举出美国《独立宣言》中令人称羡的叙述："其人民不敢营私，不敢逞一时之野心，基于至公至平之天理，保护人类的权利义务，可谓成全天赐之福祚矣。"（68页）"其一百一十名先驱者，于1620年12月22日，在风雪之中上陆，当足迹触碰海岸之石块时，果真毫无私心吗？所谓本来无一物，他们除了敬神爱人之外，毫无杂念，此理已明也。"独立战争实践了这样的精神，战后的新政体也在这个精神的指导下建立。可是，合众国的现状如何呢？"合众国的政治理想，是由独立的人民尽其气力

① 这是会泽正志斋在《新论》一书中，阐述"国体"的言论 [《国体》（上）]。"忠孝一本"与"报本反始"同列为水户学在构造国体论时的基本理念，并以此架构明治国家的国家伦理学。关于《新论》及水户学与近代日本国家理念之间的关联，可参阅拙著：《国家と祭祀》（东京：青土社，2004年）。

来缔造完全合乎其构想的政治，其风俗纯精无杂，的确合乎了人类止于所当止的理想，仿佛以安乐国土的模子所打造一般。"可是，观其今日之实情，却不如《独立宣言》所述。福泽引用约翰·穆勒的话，来描绘美利坚合众国施行"合众政治"之后的实况。兹将他所描述的实况条列如下，让人诧异的是，他仿佛预见了今日我们所看到的景况，文字栩栩如生，鞭辟入里。

众人之暴力

合众政治就是人民聚合起来，施行暴力。其暴行可宽可严，虽然不比于立君独裁之暴行，但是在一人出主意而聚众人实现这一点而言，却是异曲同工的。况且合众国的风气以简易为尚，简易固然是人间之美事，但当世人可以受到简易所取悦时，却可能有人伪装简易来谄媚世间，或假借简易来威吓他人。就好像乡下人假装木讷来欺瞒他人一样。此外，合众国关于禁止贿赂的法律，规定得相当严格，但是越是严厉禁止，贿赂的手法越是巧诈，贿赂的风气也越流行。这就好像昔日的日本，禁止赌博最严厉的时期，也正是赌博流行得最炽烈的时期。（69页）

通过选举制度所实现的公平

万一有机会将举国之人按其倾向分为两组，其百万人口之中的五十一万人为一组，剩下的四十九万人为另一组，并进行投票的话，被选出的人必然出自多的一方，四十九万人的那一组，是不可能得到议论国事的机会的。而所选出的代议人若以百人为计，当在议院讨论重要的国事时，再度使用投票来做决定，若结果是五十一票对四十九票之差，则必须以五十一人的多数来决定。如此看来，这个决定其实并不一定从于全国人民之多数，而是以多数中的多数意见议决，其差距并不在少数，可以说是由国民的四分之一的意见，压制了另外四分之三的意见。这不可谓之为公平（见约翰·穆勒的《代议政治论》）。此外，就代议政治而言，也会发生议论彼此交错缠绕的情形，很不容易评断其得失。再者，在立君政治里头，存在着政府逞威胁迫人民之弊；而合众政治里头，则存在着人民以众意骚扰政府之患。（69—70 页）

合众政治也可能引发战争

因此当政府不堪人民之扰时，则可能举兵镇压人民，招致大祸。兵乱并不因实施合众政治而减少。举其近者为例，1861 年，因贩奴事件导致南北分裂，百万市民忽地拿起凶器，展开古来未曾出现的大战争。在内乱之四年间，兄弟相屠、同类相残，所费之财、所亡之人，皆难以数计。（70 页）

逞私欲者之战斗

观之上述相争之事，可知是自由国家的人民相互之间因贪图权位，各逞其私欲所致。其状仿佛群鬼于天上乐园相斗。若先人地下有知，将如何看待这群鬼之战呢？战死者亦需步向黄泉，岂有颜见先人哉？

福泽上述话语，彻底揭露了美国合众政治的不堪。关于合众国的种种负面形象，福泽是由约翰·穆勒的《自由论》《代议政治论》，并通过穆勒而阅读托克维尔的《论美国的民主》等书得知的。丸山认为，身为后进国，能够借鉴先进国的经验，预先察观到近代化之后那属于负面的、阴暗面的情状，相当可贵。他说："福泽在明治七八年的时间点，就已经对日本尚未实行的议会政治，做出了发人深省的判断。"① 虽然福泽能够通过先进文明国的现状而洞察远瞻，作出"发人深省的判断"，但这并不代表他面对日本的文明化，就抱持冷嘲热讽的态度。他只希望通过自己的呼吁，借由经验主义式的提醒，为当时日本围绕政体选择而产生的白热化议论，注入一些冷却的水流而已。在陈述"合众政治"的阴暗面之后，福泽接着又站在经验主义的立场，发出如下言论，这也是我们有必要知道的。他说：

> 政治不论被赋予什么名号，毕竟都是人类交际中的一项原则而已。很难仅取其原则、体式，就判断该社会的文明宗旨。若该体式有些不恰当或名实不符之处，修正就是了。人类生活的目的，就是趋于文明而已。为了趋于文明，不能不让事事物物都得其方便。先试试某方法，不方便则随即改之。经历千百种试验之后，若能求得某种进步，人们就不会产生偏激的想法。这时有赖于一种绰然大度的态度。凡世间之物，没有不经多次试错就能够主动进步的。即使在尝试后得到了些进步，目前为止也还没听说已达至

---

① 丸山真男：《读〈文明论概略〉》上，263页。

善至美之境者。自开天辟地之初到今日为止，试验不断地在进行，不曾止步。(72页)

福泽的意思是，不论"立君"抑或"合众"，政治都只是文明的一环而已。如果以"鹿"来比喻文明的话，政治就是预备举箭射鹿的射手。射手不只一人，其射御之术，各有擅长。若仅把精力浪费在讨论谁适合担任射手，而忘却目的在于射鹿的话，不免本末倒置，得不偿失。福泽最后得出结论："拘泥于某一家之射法，却在应该射出箭时未能射出，使得应该取入囊中的鹿逃逸无踪的话，就可谓不善猎之人了。"(73页)

《文明论概略》第二部

六、一国之所以为文明

精读六：第四章《论一国人民之智德》（一）

（一）一国之人所呈现的智德

　　所谓文明，可以定义为人民智德进步的现象。那么该如何判断一国是否为文明呢？国中有一二位英明人士存在，尚不能称为文明，必须就国家整体的状况来判断。亚洲当然有极秀异的人士，欧洲也必然存在十分愚钝的国民。那为什么西洋会被断定为文明的，而亚洲却要被断定为半开化的呢？福泽针对这个问题的回答是：

　　　　西洋那至愚之人，无法逞其愚；亚洲那秀异之士，则无法逞其智。何以无法逞其愚或逞其智呢？因为关键不在于个人资质之愚钝或聪颖，而在于个人资质是否受全国整体风气所遏止或发扬。（75页）

　　一二人的明智或驽钝，无法影响一国的风气样态。亚洲的秀异之士之所以无法发挥其才能，是因为受到国家的压制。相反地，西洋纵有至愚之民存在，却不妨碍西洋之文明，也是因为国家的风俗抑制了愚人的愚行。福泽认为，一国是否可称为文明，或一国是否可朝向文明化发展，有赖于"全国整体的风气"，而这个"风气"就是"一国人民所具备的智德现象"。如此便从一国之文明化问题，回归"文明"如何定义的问题了。所谓文明，被定义为人民智德的进步状况。这么一来，一国的文明化，就系乎该国是否让人民能够逞其智德，是否具备足够的条件，促使人民的智德成长了。因此福泽在《文明论概略》第四章以《论一国人民之智德》为题，内容其实是针对一国的文明化所进行的论述。福泽说：

> 故而在判断文明与否之前，必须先明察该国的风气。此风气即该国人所具备的智德现象，或进或退、或增或减，其进退增减，不会瞬间停止，而仿若源头一般，推动着全国行进。一旦能窥知该国风气的本源，则必了然天下之事，而当察其得失、论其利弊时，便能如囊中探物，轻易可行。（76 页）

福泽指出，一国人民的风气，就是人民智德的状况，也就是推动国家运行的力量根源。这样的理解为福泽的文明论赋予了特殊的价值，可说是福泽文明论式的哲学思想。那么我们该如何认识作为"推进国家运行的力量根源"之"全国整体的风气"呢？福泽试图引导我们思考下述问题，亦即当我们判断一国的文明之时，等同于考验我们是否具备识别"全国整体的风气"之眼光与能力。"譬如说，在计算一国之山泽时，需先测量遍布于该国的山泽之坪数，计算其总和，然后命名为'山国'或'泽国'。而不能够单以国内是否存在稀有的大山大泽，就武断地名之为山国或泽国。"（76 页）换言之，必须具备全国性的视野，通过全国性的测量，才能够进行山国或泽国的认定。福泽反问读者，是否具备由类似的测量方式来观照一国整体的眼光？一国之整体，涉及的不只是空间问题，还有时间问题。当我们通读历史整体之时，是否可以洞悉历史行进的方向呢？一国的近代化或说一国的文明化，关乎人民的气质、人民智德的状况，因此福泽要求判断者需先衡量自己是否具备盱衡大局的识见。

福泽在《文明论概略》第一章到第三章（我为本书规划的第一部）论述的是"文明是什么"的问题。他讨论了文明的内容为何，文明的社会是怎样的社会，文明化的程度为何必须以西洋为基准来衡量，日本进行文明化时可能会面对的问题，以及日本推动文明化时可能会面临的障碍等等。我将第四章到第七章规划为第二部，与第一部做区别，在这个部分福泽讨论的要点是一国文明化的相关问题，即如何看待一国整体的时间与空间，并探讨推动一国之历史前进、规范其趋势的原因究竟是什么等等。福泽的议论围绕着"人民之智德"这个影响文明社会的基本概念而展开。在第四章《论一国人民之智德》中，福泽论述"一国文明化"之前，先向读者提出如何看待一国整体的时间及空间的问题，这也是如何由文明论的角度审思历史的问题。

（二）以一国为范围来思考的方式

福泽先这么说："所处的立场、所持的眼光，不可以不高远。"登高望远，从比较高的层次，以远眺透析的方式来进行时间、空间的观察是必要的。然而并不是单纯的登高望远就可以，还必须不受局部因素的限制，能够对整体做适当的把握才行。福泽以观测河川的流向为例说明道："在土堤上观望水流，有时也会看到受强力阻断而流向改变的情况。要知道，此类逆流的产生，是因为受到阻力，所以不能由局部的逆流来判断河川整体的流向。"（77页）换言之，在确立国家新局面之前，必须先掌握一国的整体趋势。

当考虑一国之经济时，必须谨记下列箴言："致富的基础奠立于正直、努力以及俭约这三原则之上。"就日本个别的商人而言，对此三原则的实践并不输于西洋的商人。而就质朴俭约的风气而言，日本也胜于西洋。可是就全国的富裕程度而言，日本就远不及西洋了。在考虑如何积累全国财富时，与其比较个别商人的优劣，不如从宏观的视角，观照全国的商人。

中国古来自称"礼仪之邦"，事实上也存在着"礼仪之士"，他们在各行各业之中有不少建树。然而若观中国整体，则"杀人窃盗者，数目极多，刑法极为严峻，犯人之数却不见减少"，"其人情风俗之卑屈贱劣，真可谓亚洲诸国的表征"。（77页）因此若以中国为例，就其全国范围来观察其道德风气时，可以断言："中国不可称为礼仪之邦，但可称之为有礼义之人居住的国家。"（78页）从这段写成于明治初期的论述看来，近代日本将中国归为劣等国的看法，很早就出现了。

（三）一国的发展阶段与一国的志向

福泽要求读者具备以下的眼光：先通览一国之历史与变化，再把握一国的发展趋势。如果要通过单一人物的生涯来观察一国的历史发展，丰臣秀吉可以作为例子。举丰臣秀吉为例，倒不完全因为他原本是无名小卒，经过努力而立身出世，最后变成能呼风唤雨的人物。"昔日木下藤吉窃取主人六两金后逃跑，以六两金为武家奉公之资，奉仕织田信长，逐渐出头，仰慕丹羽柴田之名望，更改姓氏为羽柴秀吉，升任织田氏之队长。……于是能率领日本之众庶，终于以丰臣太阁之名，将政权一手在握。"（78页）然而福泽进一步反问，当年的木下藤吉"窃取六两金出奔之际，便已怀抱率领日本众庶之志"了吗？他因窃盗之罪被捕，却能够奉仕织田信长，甚至出乎他本人的意料。恐怕他个人生涯的成功，其实来自一连串始料未及的组合吧？福泽说："如今当此人高居太阁之位，回顾六年前自己窃取六两金的模样时，也许会认为一生的事业并非来自一回的偶然，而落入黄粱美梦般的心情吧！"（79页）

常有人认为成功者早年便胸怀大志，也有人认为成功者生来便得到幸运星的庇佑。《太阁记》的确记述了秀吉的母亲怀抱太阳入梦，在梦里怀孕之事。然而福泽指出："不论是身为木下藤吉或身为羽柴秀吉，抑或身为丰臣太阁的人生，岂不都是一个人生涯的其中一段而已吗？"因此，"身为木下藤吉时怀抱木下藤吉的心思，身为羽柴秀吉时怀抱羽柴秀吉的心思，而身为丰臣太阁时怀抱丰臣太阁的心思，其心思之状态，不论在初始、中途或最终哪一段，应该都是相同的"。（79页）换言之，木下藤吉面对生命的态度中蕴含着木下藤吉的志向、羽柴秀吉面对生命的态度中蕴含着羽柴秀吉的志向，而丰臣太阁面对生命的态度中则蕴含着丰臣太阁的志向。福泽在对丰臣秀吉这种成功人生的解读里，含有一种观点——必须站在人生的整体发展史上，观察其每一阶段的变化，这是很重要的。一个人一生的成功，他最初立下的大志并非导向成功的必然因素，人之志向与事业，应该是因应所面对的社会状况，随之调整变化的。有时进，有时则退。"随之变、随之进，进退变化无穷，乃乘偶然之势矣。"（80页）福泽认为，这样的人可能成就一番大事业。

个人的发展史如此，一国的发展史也是如此。国家在不同的发展阶段，应当树立不同的志向来因应世局。我们不应该以神话式的一国之肇始，来规范新兴国家的志向。在文明国家肇始之际，应该论述其走向文明国家的志向。

（四）由整体而观一国之人心

回顾一个人成功的历史，也许可以将成功归纳为一连串偶然的累积。但是历史上的变化，也可以简单归类为偶然吗？站在文明论的立场，福泽并不这么认为。他说："人的思想动态，不仅基于一定的规则，而且这一规则之明确，仿佛看实物的方圆或者刻版上的文字一般，即使想误解，也做不到。"（80页）福泽认为，欧洲"论述文明的学者"们试图在历史的变化中找出其规律。这些学者即福泽的文明论、文明史所依据的19世纪文明史家。尤其是英国实证主义史学家巴克尔，他仿照自然科学的做法，留意史料的批评与审读，在历史研究中运用心理分析，试图揭示隐藏在历史活动背后的规律，这些观点影响福泽极深。

福泽认为历史的动态中隐含着规律性。他说："将天下之人心视为一体，将时间拉长而观之，并证之于史实的方法，即实证主义。"（80—81页）他强调若想在历史变化中寻找其规律性，则必须将一国或整个社会之人心同一而观。比方说自杀是一种出于个人动机的行为，因此不可能由自杀者的人数来归纳出规律性来。然而福泽引用了巴克尔的叙述，指出在 1846 年到 1850 年间，每年伦敦自杀人数"多则二百六十六人，少则二百一十三人，平均约二百四十人"。（82 页）接着他以东京的点心店来作比喻。这段叙述十分有趣，可以说《文明论概略》之所以吸引人，就在于福泽此类翻案文字的叙述，让人读之兴味盎然吧！他是这么说的：

> 点心店若是在暑期进鱼肉或水蒸铭果等货，清晨进货之后，如果不能在傍晚之前全数售出，则必然因暑热败坏而蒙受莫大损失。然而试着在暑期前往东京的点心店购买水蒸铭果看看吧！点心店终日贩卖着水蒸铭果，一到傍晚，那些剩余的货品便卖光，从不曾听闻点心到了夜里还有余货而腐烂之事。贩卖能够进行得如此顺利，正出自贩卖者和购买者之间的默契。那些在日落之际上门的客人，能够为了不让点心店受余货牵累，而放下自己的偏好，只在店里的余货中做选择，不禁叫人称奇。因为虽然在点心店所见之状如此，一旦来到市井之中，询问小民们一年之间，几度以水蒸铭果为食，又几度到店买何许物品，几乎很少人能够回答。因此，若仅以购买水蒸铭果的顾客为例，来观察人心之变动的话，不免落入以小见大的陷阱，但若以市井全体人心的状况来省察，反而可以窥知以水蒸铭果为食的顾客们之人心变动，归纳出其定则，掌握其进退方向。（82—83 页）

要想把握一个国家、一个社会的动向，必须具备由整体层面来盱衡人心的本事。在社会面临急剧转变的时代，更需要一种能够盱衡天下全貌的观点和角度。"天下之形势，不能凭一事一物便妄加臆测。必须周到地观察事物的动态，针对普遍浮现的情况进行具体分析，这个那个地多方比较，才能把握确切的实情"，福泽这么强调着。

七、一国之文明化与历史的看法

精读七：第四章《论一国人民之智德》（二）

（一）关于"形势""时势"两个词汇

上一章福泽提及"天下之形势"的说法，他所谓"观天下形势"，意思是必须置身于高处，站在观望天下的立场，来观察一个国家的命运何去何从。他还使用另一个与世事变化趋势有关的词，叫"时势"。历史的趋势是难以违抗的，它会向上、也会往下。通过这些词语，福泽对文明化提出疑问。一国之文明化，并非一两位领导者可以达成的。文明本身指的就是人民的智德发展情形。一个国家的文明化问题，是以整个国家人民的人心、风气以及精神状态为基础的。既然文明及文明化的问题以一国人民的精神状态为基础，那我们也必须摒除自己在观点及思维模式上对事物的成见。以往我们在学问方面只知追求自己一人的成就，以为社会及历史的进步仰赖卓越之人推动，这样的想法应该改变。福泽指出，必须将全国的人心视为一体，才可以观测到历史的定则。至于他口中以"天下的形势""时势"等语汇所称呼的一国之历史形势究竟所指为何？它又将造就什么？这将是我在本章所欲探讨的问题。

（二）所谓"史论"之历史言说

关于一国之历史形势的问题，向来被视为"史论"。什么是史论？就如赖山阳（1780—1832）之著作《日本外史》所代表的，以人物为主，采取故事性的笔法阐述一个国家治乱兴亡之历史，通过人物的批判品评来论断历史，就是史论。史论不同于《大日本史》等具备公论性质的史书，而是出自民间立场的历史言说。那些论述历史并加以批评的论者，原本是知名的个人，他们也将读者预设为民间的一般人。19 世纪的日本发生过明治维新这一历史大变动，史论盛行，并拥有相当大的影响力。明治时期代表性的史论家山路爱山（1864—1917）论述赖山阳时表示："他是日本人之中的英雄。他以日本人的观点叙写历史。他在情感上是具备历史性的。……他为楠公之死而慷慨洒泪，对北条氏的专权而咬牙切齿。"诚如所言，风行一时的山阳史论，就是一种与英雄的出现一同高亢激昂，又为英雄之悲惨命运而感怀落泪的浪漫主义历史论。《日本外史》的浪漫记述，始于源氏与平家之兴亡，经过南北朝之动乱、丰臣秀吉英雄式地崛起、秀吉之死与东西对决，最后写到德川氏平定天下为止。如爱山所说，这些记述仿佛上演了"日本人的历史剧"。南北朝时代与吉野之地则成了舞台，上演着日本人情感上共有的历史悲剧。

当福泽论述历史与他的见解时，先引述了已得到一般大众认同的史论。不过，他引述这些史论来呈现历史，笔法倒比较近似于史论的解构。例如关于英雄豪杰时运不济的悲伤情节——"道真谪居筑紫，正成必死于凑川"，史论学者评论道："道真之远谪、正成之战死，罪在藤原氏与后醍醐天皇。"但是福泽在第四章《论一国人民之智德》却说："如果后醍醐天皇当年没有遵从楠氏之策，难道就真的能让诸事各竟其功，造就今世学者所推想的千载难逢的大功吗？"楠正成之时运不济，真的是因为没遇到优秀的君主吗？福泽不这么认为，他说："时运不济，意思是英雄豪杰与君王的心意有所落差。"他接着指出："楠氏战死不是因为后醍醐天皇昏庸，他陷于死境是出于其他原因。"然后分析道：

> 是什么原因呢？就是时势。就是当时人们的风气，即该时代人们所被赋予的智德状态。

济或不济，是时势造就的，时势是历史动向的趋势，光靠一两个人的力量，无法推动或遏止。但是福泽在谈论时势时，却不认为它是历史深处神秘不可知的力量。他认为时势是"当时人们的风气"，"该时代人们所被赋予的智德状态"。时势，是该时代人民的精神发展状态，也正是社会的文明状态。姑且不论福泽对时势的解读正确与否，重要的是我们要看福泽由什么地方及什么事件，看出了决定历史趋势与动向的关键。

（三）对历史而言英雄是什么

历史的动态绝非一两个人能决定。天下的"时势"与"形势"是一股力量，超乎人类所能左右的范围，并推动历史前进。如前所述，福泽认为由这股力量可见出人民精神的发达状态。那么，那些所谓的英雄以及身为政治首领的君王，在"时势"与历史动向中究竟扮演什么样的角色呢？过去人们认为，英雄才是推动历史的关键。在此福泽以汽船及航行者为例说道："天下之形势，有如汽船之航行，担负天下之事者，则有如航海者。"他阐述道：

> 一千吨重的船只装上五百马力的蒸汽机关，一小时能渡海五里，十日则能渡海一千二百里。这就是这艘汽船的动力。不管是谁来航海、下什么样的功夫，五百马力也不会增加为五百五十马力，同样地，也不可能在九天之内走完一千二百里的航程。航海者的职责，只在于不妨碍蒸汽动力的运作，求其健全顺畅而已。若在两次航海当中，第一次费时十五日，第二次只费时十日，这并非后来的航海者技术优秀，只是证明了第一次航海者技术拙劣，妨碍了蒸汽之出力。人之拙劣是无限的。使用同样的蒸汽机，可以费时十五日、二十日，更有甚者，可以令蒸汽机完全无法发挥效果。不过，要以人的能力让机器超乎原本机能的作用力，是不可能的。（88 页）

人们都以为汽船能完美航行，应该归功于航海者的技术。但是航海者的技术再好，也无法增加汽船的马力。航海者能做的是什么？福泽说："只在于不妨碍蒸汽动力的运作，求其健全顺畅而已。"福泽将决定历史动向的"时势"比喻为汽船，我们不能不细看这个比喻，也不能忘记福泽认为"时势"是"人民被赋予的智德状态"。基本上决定汽船的马力（一国历史的动力）者，是人民的力量，是人民精神运作的结果。航海者———国的领导者——所能做的，仅仅是不妨碍人民精神运作，让其发挥动力，顺畅有力地航行。这个比喻可说是福泽文明论的哲学表现。福泽认为一国人民的智德状态是文明不可或缺的因素。上述比喻是基于他的文明论哲学而衍生出来的，若忽略了这点，可能会误以为福泽单纯在论述航海术的巧拙问题。

丸山真男在读这段比喻时，正好将之解读为航海术的巧拙问题。关于前引"航海者的职责，只在于不妨碍蒸汽动力的运作，求其健全顺畅而已"一句，丸山解读为"说明航海者技术之巧拙"，并围绕这个论点，写了许多让人读不下去的文字。他说："技术可能无限地拙劣。船造得再好，若技术不好船也动不了……相反地，技术的精巧却有极限。再优秀的航海技术，驱动船的力量仍是有限的。因此，不论再怎么优秀的个人，力量还是有限的。技术好会有个限度，技术糟则可以无限地糟。这恰好清楚地表现出福泽的现实主义。"他下结论道："这点在观察福泽的政治思想时，是很重要的。"[1] 汽船的比喻，是为了要探讨决定历史动向或一国文明化的关键，是福泽哲学的根基，为何丸山会解读成阐述领导者政治技术巧拙与限度的现实主义呢？需要被质问的与其说是福泽，倒不如说是丸山本身的政治思想。这里想引述福泽关于英雄豪杰的言论：

> 自古世间成英雄豪杰之事者，并非以其人之技术增进人民之智德，而只是不妨碍其智德之进步而已。（89页）

也就是说，所谓英雄，只是成功地做到了不妨碍人民之智德而任其进步这一点。英雄所谓的得时运、立功业，就是这么一回事。

---

① 丸山真男：《读〈文明论概略〉》中，51页。

违背人心却幸运地建功立业的英雄豪杰是不可能存在的。

（四）孔孟不知"时势"？

人们认为孔子时运不济，也认为若非时运不济，孔子的理想中，如周公的时代般制礼作乐且秩序井然的治世或许可以实现。但是相对地，儒家对于早孔子两百年、春秋初期辅佐齐桓公完成霸业的名相管仲，却不给予正面评价。孟子说："以力假仁者霸，霸必有大国；以德行仁者王，王不待大。"（《孟子·公孙丑》上）儒家提倡德治主义，致力于区别以德治国的王道与霸术治国的霸道。人们认为孔子之所以"时运不济"，是因为在各国以霸术相争的时代，无法接受提倡仁道的孔子。福泽对此提出质疑，诸侯竞相争权的时代，道德主义之政治真的不可能吗？与其说时运不济，不如说是孔子不知"时势"，难道不是如此吗？而管仲成就齐桓公之霸业，改革国家、带来富强，也许正因为明白、掌握了"时势"吧！福泽通过上述儒家论，来考察历史上的时机、"时势"问题。他对于儒家的探讨，比起以实证来论述"时势"，有更重大的意义存在。福泽儒家论的目的，不局限于批评儒家之封建道德观念，如同前述他对德治主义之探讨一般，他的儒家论，同时也在议论关于德与智之规范（paradigm）的转换问题。福泽将"文明"定义为"人民之智德发展"，而"人民之智德发展状况"则与"时势"密切相关。从这些基础思考出发，自然知道以下对儒家的讨论至关重要。福泽这么说：

　　至于周之末世，天下之人皆不悦于王室礼仪之束缚，随着束缚渐弛，诸侯背弃天子，大夫制御诸侯，或有陪臣巧取国之权柄者，天下政权四分五裂，正是封建贵族争权之时节。又复无人慕唐虞辞让之风，天下只以贵族为重，而忽略人民的存在。故若有人能济弱扶倾，救助弱小贵族来抵制强大贵族，则必符应天下之人心，进而掌握一世之权柄。齐桓、晋文之霸业，即是如此。孔子处于如是之时代氛围，独独主张尧舜之治风，提倡以无形的德义感化天下，理想自然不能实践。以当时观点看孔子事业，则远不及管仲之辈顺时应势之巧也。（89—90页）

孔子所处的时代，正是"天下政权四分五裂，封建贵族争权之时节"。这种时候不能过时地冀望复古、重建早已衰微的周王朝。诸侯期盼的新权力已非无形的道德，而是有形的政治，这才是适合时代的统治。福泽认为在这个时候，"符应天下之人心而能执一世权柄"者，正是"齐桓、晋文之霸业"。但当时唯有孔子独排众议，提倡"尧舜之治风，以无形的德义感化天下"之言论。我们可说他不知"时势"，而就实际而言，孔子的言论在当时也无法于世间实现。"时势"，也就是历史的需求，早已由无形的道德转换为有形的政治。关于这种转换，汉学者久保天随后来于《东洋通史》中叙述道：

　　（在霸者之国推动的）法制改革，指的不是单纯地变更、增添法律条文，而是由观念上变革，彻底让人对社会国家感到耳目一新。换言之，自古以来在汉族之间自然发展起来的道德主义政治，经过长久岁月，已跟不上世界的

　　脚步，在今日已无用武之地。人们认识到这点，因此认为
时势的转变是必然的。[①]

　　孟子所处的时代，更是诸侯争霸的时代，诸侯们有时联手有时
对立；强者消灭弱者、大国并吞小国。"有道是苏秦张仪之辈奔走
四方，或助其业、或破其计，营营于合纵连横战争之世。"（90页）
"苏秦张仪之辈"指的是游走于诸侯之间，提倡合纵或连横之策的
纵横家。在那个时代，虽贵为诸侯，也得为自身安全着想，朝夕在
国家的攻防之间奔忙。这种情势下，诸侯真的有余力接受孟子所倡
"以民为天"的仁政吗？真有明君"明知仁政可能危及自身安全与
国政，却听从孟子之言施行仁政"吗？福泽说明自己并非偏袒纵横
家，也并非排斥孔孟，只是认为"孔孟二大家不知时势，欲将其学
问活用于当时政治，反遭世间嘲笑，不能裨益于后世，令人悲叹"
而已。

　　福泽这段认为孔孟不知"时势"的言论，我们不能只将它当作
针对儒家思想偏离现实的道德主义进行批评而已。福泽所面临的时
代状况，跟孔孟所面临的是一样的。当时欧美势力正觊觎着亚洲，
可说是日本面临着国家存亡之境的关键时刻。日本国内受到西洋文
明的冲击与骚扰，被迫做巨大转换。在这样的时刻，需要什么样的
知性呢？想必传统精神的定位也得转换。以儒家道德性为基础的精
神定位能够应付这困境吗？福泽批判儒家，就是为了探究这个问题
的答案。

---

① 久保天随：《东洋通史》第一卷（东京：博文馆，1903年）。

（五）批判儒教的意义

福泽批判儒家，并不是要否定孔孟身为道德哲学者的地位。他认为孔孟之过，或说是时代之错，在于他们以政治局限了自己活跃的舞台，而不愿自其中跳脱出来。他说：

> 孔孟为不世出的大学者，也是古来罕见的思想家。如果他们能超乎政治状况的制衡，以他们的胸襟卓见，必定可以另辟新天地。他们对人类本分的论述，为人类定下万代不易之教义，功德宏大。但他们却宁愿终身受困于政界，未能踏出任何一步，因此为世人所轻视，理论也多半混有政论而不纯精，可说是降低了其 philosophy（译者按：原文为片假名）的品质。（90—91页）

在福泽的时代，philosophy 还没有被译为现在所公认的"哲学"两字。[①] 如笔者在注释里所说明的，西周在《百一新论》里首次将 philosophy 译为"哲学"，恰好与福泽出版《文明论概略》同时期。Philosophy 这个词在井上哲次郎与有贺长雄所编著的《哲学字汇》中，第一次被确定译为"哲学""形而上学""伦理学"等和哲学有关的语汇，时为明治十四年（1881）。在那之前还不存在"哲学"这个翻译词，表示西方式的哲学还不存在于日本。日本跟中国都还

---

① 西周在明治七年（1874）出版的《百一新论》中首次将 philosophy 译为"哲学"，他说："将论明天道人道，兼立教法的 philosophy，我以哲学译之，是西洋自古以来所论之事。"

没有哲学（philosophy）的概念，福泽却以欧洲哲学为目标，要求
孔孟应该在理念世界建构真正的道德哲学，这未免强人所难。他本
人应该也知道这一点，却还是提出如此论调。因为福泽的文明论原
本就"以西洋文明为目标"，要在远东之地发展此文明论，让异质
文明转移进入国内，原本就是一件强人所难的任务，福泽对于困难
一清二楚，却还是致力于提倡新的文明。不过他在这里之所以从哲
学（philosophy）的角度来论孔孟之学，是为了先厘定孔孟所属的
领域，再确立新的知识与领域。问题在于传统的精神定位如何转
换，以及新的学问与知识如何确立。福泽在这里先一步透露了第六
章"智德之辩"的内容，他说道：

> 孔孟之教原本就是修心伦常之道。它毕竟是无形的仁
> 义道德之论，也可以称为心学。道德纯精无杂，不可轻
> 视。虽然对个体功效极大，但它只存在于个体内部，无法
> 接触有形的外物而发生作用。因此，在无为、混沌、人事
> 单纯的世间，用德来维持人民秩序是很方便的；但随着人
> 文开化，其功能也不得不逐渐减弱。所以在现代，欲以内
> 在的无形之物施行显现于外在有形的政事，以古道处理今
> 之人事，以情性统御下民，可说是极其耽溺糊涂的思想。
> （91—92 页）

福泽认为孔孟之学是"无形的仁义道德之论"，是形成一身
道德的重要学问，但是道德之学对"有形的外物"无法产生作
用。内在之学与外在之学必须有所区分。他指出"理论家之学说
（philosophy）与政治家之事（political）大有分别"。（92 页）将一

己内在之道德与攸关国家社会整体的政治划清界限，并为后者确立正当的知识，这才是明治启蒙家肩负的重大课题。福泽将孔孟的学问限定为"无形的仁义道德"之学，作为自己面对此课题的解决方案。西周也同样希望能通过解构儒教的方式，来响应这个课题。西周批判后儒（朱子学者们）混淆"修己、治人"之道，分不清"政、教"之别，并表示"将德礼教化与政刑统治比较来看，我认为用政刑来统治天下国家才是正道。礼教德化只是孔孟之梦想，在这天地之间地球之上、古今东西都未曾存在过这种东西"。（《百一新论》）也就是说，他认为以道德礼法来教化人民只是孔孟的理想，通过这种理想而实现的安定统治，实际上古今东西都未曾有过。《百一新论》这本书，可说是为了替国家社会确立新的知识，而对儒教史进行的解构性的阅读。福泽的文明论则是高度批判性的，是为了确实订立关于"有形之外物"的知识而进行的儒教批判。

福泽的儒教批判还同时背负着另一个课题——就是与现实的政治过程进行思想抗争。我们再看一次福泽先前文章的最后一句。"所以在现代，欲以内在的无形之物，施行显现于外在有形的政事，以古道处理今之人事，以情性统御下民，可说是极其耽溺糊涂的思想。"福泽将其当作"现在"的问题。传统意识形态以抽象的观念和言辞困惑着现代人，福泽在文中形容为"耽溺"，并加以谴责。意图以无形的道德规制有形的政治，企图以回归古代准则来规范现今国家社会，并以为只用仁慈之心就能统治人民——这些思想都受到福泽的谴责。上述观念并非只是传统的儒家政治思想，它们现在仍被宣传于世间，可能成为明治国家新政的理念基础，或王政复古之理想，或政教一体的国家理念，更可能是忠孝至上的道义国家理想。福泽文明论也可说是激烈的思想抗争之书。"耽溺"是福泽的文明论里用来抗争的谴责之词。①

（六）楠公果真时运不济？

楠氏是日本史上最为悲剧式的武将。因为他虽身为维持日本王朝正统性的最大功臣，却得不到回报，最后楠正成与其一族走上了灭亡之途。楠氏的悲剧令皇朝正统史得以成立，日本人为他的悲剧流泪，撰成皇国的正统史。背后的推手是水户藩德川光圀所著《大日本史》，特别是赖山阳的《日本外史》。现在我们就来看看《日本外史》里，山阳对《楠氏论赞》的叙述吧！我照引全文，让大家借此欣赏山阳那直到明治时代依然令人陶醉不已的文笔：

　　盖朝廷不能大任楠氏，而楠氏所以自任，莫以加焉。世之论中兴诸将，尚视其门第声望大小，而不深揆其实，

---

① 关于福泽的儒教批判，丸山真男的《读〈文明论概略〉》与我看法不同。在福泽批评为"耽溺"之处，丸山评述道："这是德治主义与仁政主义因为个人道德与政治的混淆，而陷入道德主义（moralism）上的耽溺。这里不禁引人联想到，德川儒学中，特别是徂徕学，曾经针对个人道德与统治被一概而观而展开严峻的批评。"（《读〈文明论概略〉》中，64页）丸山自动把福泽的论述与徂徕学做联想，认为福泽的重点在于批判儒教对个人道德与政治无法清楚区分，导致政治世界不能从道德范畴独立出来，因此是道德主义式的批判。丸山的论述一向习惯将思想层次的问题归属到思维样式的层次去讨论，在这里也是如此。我甚至认为，丸山认为徂徕学反对个人道德与政治扯上关联，也很可能是丸山以他的方式阅读福泽之后所得出的结论。可参见拙著：《"思想史"的虚构》（《作为"事件"的徂徕学》所收，东京：筑摩书房）以及《先王之道，礼乐焉尔》（《江户思想史讲义》所收，东京：岩波书店）。

亦等同于当时之见耳。若无楠氏，虽有三器，将何以托而
系四方望哉。笠置之梦兆，于是而益验。且南风不竞，俱
伤共亡，终古莫以恤其劳。悲夫！有谓正闰虽殊，卒归于
一，能弘其鸿号于无穷。使公有知，亦可以瞑目矣。其大
节巍然与山河并存，足以维持世道人心于万古之后。①

除了《日本外史》外，尚有许多史家感叹楠正成之不幸，对足
利尊氏之凶暴感到愤怒，也怨叹后醍醐天皇之昏庸，竟容许悲剧发
生。"后醍醐天皇灭北条氏后，随即奖赏足利尊氏之功劳，将之立
于诸将之首，新田义贞地位尚且次之，遑论楠正成等尊王功臣，放
任尊氏逞其野心，致使王室再次衰微。即使到了今天，世间的学
者读到这段历史无不切齿扼腕，愤斥尊氏之作恶，也怨叹天皇之
昏庸。"（第四章）福泽认为这是"不知时势者之言论"。那么从镰
仓末期到南北朝时代这段时期的"形势"或言"时势"，究竟是怎
样的形态呢？这个时代里"天下之权柄"掌握在武家手中，而武家
之地盘就在关东。"关东武士灭了北条，关东武士也复了天皇之位。
足利氏身为关东名家，其声望本来就高。"那么优先奖赏尊氏之功
绩不是理所当然的吗？福泽认为这就是"天下的形势"。

自足利尊氏以后，世人的尊王之心就荡然无存了。尊氏所拥有
的权威并不是他对君主尽忠义而得到的，而是作为关东名家的足利
氏原本就具备的权威。相较之下，楠正成仅是"起自河内之一小寒
族，以尊王之名，集结数百名兵卒而成"，根本不能和足利氏相提

---

① 赖山阳《日本外史》（赖成一、赖惟勤校注）卷之五《楠氏论赞》（东京：岩
波书店）。

并论。因此福泽又写道："足利为驾驭王室者，楠氏则是受御于王室者。这也是无可改变的一世之形势。"（94页）福泽的春秋笔法，指点出天下形势就在武家手中，因此为楠氏悲剧而掉泪的皇朝史，不过是欺瞒世人而已，无法阻止武家势力之兴，又无法恢复王室权力，这该归咎于后醍醐天皇一个人的昏庸吗？福泽认为王室之衰颓应是王室自身招致的结果。他说：

> 保元平治以来的历代天皇，其不明不德之事，不可胜数。即使后世史家用尽谄媚之笔调，也无法掩饰其罪过。父子相战、兄弟相伐，更有甚者，且委托武臣去屠杀自家骨肉。到了北条的时代，不只让陪臣司掌立废天子之大事，王室诸族更因陪臣之谗言而骨肉相残，互争权位。既忙于争夺自家内的继承权，可想见他们根本无暇顾天下之事，置天下于度外。天子不再是掌天下事之主人，仅为武家威力束缚下的奴隶。（94—95页）

福泽此番对天皇与朝廷毫无忌惮的批评，在明治初年尚能通过印刷物而广泛宣传于众人之间。但过了半个世纪，到了昭和初期，这些言论在日本却面临被封杀的命运。当时《文明论概略》里这些言论被空白纸张所取代。[①] 这件事显示了许多事实。其中最重要的

---

① 《福泽谕吉选集》第二卷（东京：岩波书店，1951年）收录了《文明论概略》，其中有富田正文所撰《后记》。岩波文库版的《文明论概略》（1926年改版）将上述《福泽谕吉选集》的《后记》挪为《前记》，而在《后记》里记录了福泽谕吉写作《文明论概略》的前后情况及出版记事，对于昭和初期发生在《文明论概略》上的状况却只字未提。

就是，福泽的文明论是如何激烈地与掌权的势力相抗、相对立的。它与构成昭和的国体论或皇国史观的观念相对立。毋宁说在伴随着"王政复古"之口号同时诞生的日本近代国家的形成过程中，就国体论及皇国史观是正统的国家观。福泽的文明论却与之针锋相对。在昭和初期的日本，《文明论概略》里此类反抗性的言论被化为空白，表示国体论与皇国史观在日本近代国家，已经彻底确立起了其作为国家话语的正统性。福泽的文明论一边与之对抗，一边担忧日本的将来重蹈覆辙。

王室复权之业最终无法成功，并不是因为后醍醐天皇昏庸，没重用楠正成等尊王之士。福泽指出，经年累月累积的弊害，早就让王室失去了民心。"王室之所以失去政权，并非因他人强夺，而是长年累积之势，让王室自己失去权柄，而其舍弃的权柄刚好被他人捡拾而已。这也是为什么天下人心，只知武家而不知皇室，只知关东而不知京师。"（95页）因此，即使当时有贤明的天皇登基，且"任用十个楠正成担任大将军"，也无法逆转时势。福泽最后总结道："楠正成之死，并非由于后醍醐天皇之昏庸，而是时势所造成。他并非战死于与足利尊氏的对抗当中，而是与时势为敌，才沦为败者。"

（七）"时势"就在人心

前面福泽说过，所谓英雄就是不妨碍当代人民之智德，任其进步发展的人。他说过，世间并不存在违背人心却能受惠于时运，并完成大业的英雄。在此，福泽再一次强调了英雄如何受惠于时运：

　　所谓英雄豪杰时运不济，其实仅是指他与当时社会普遍盛行的风气格格不入，遭遇挫折而已。因此那些巧遇难逢之机而成大业的人，其实也只是因为他能够顺应时势，让人民的气力能健全地运作。（95—96页）

对英雄而言，构成"时势"的要素是人心、人民之气力，以及社会的风气。一国文明的成败关键就在"时势"，依福泽的意思，换句话说，就是人心或人民的气力。当时的日本急于推动文明开化，政府因迟迟做不出行政上的实质绩效，归咎于官员之不胜任，频繁地登用、拔擢各种新人，成效依然不彰。就算找外国人来担任教师或顾问，加以监督或奖励，也不见什么实际绩效。政府绩效不彰，不是因为官吏不才，也不是由于外国人教师无能。福泽以"寡不敌众"来说明个中原因：

　　虽然这种现实甚难说明，总括一句话就是所谓的寡不敌众吧！政府之失策，多半是因为陷于寡不敌众之窘境。长官并非不知失策，即便知道，执行上又能如何呢？长官为寡、众论为众，又有何计可施呢？我们无法追踪众论之所出，虽然它经常仿佛天外飞来一笔，其力量却足以让一个政府在行政上绑住手脚。

众论是为多数，足以使政府屈居少数劣势。众论不知从何冒出来的，但它足以"让一个政府在行政上绑住手脚"，不明白这一点，却将行政绩效的失败归咎于行政官员，福泽认为无益于现状。那众论又是什么呢？

　　福泽说，一国文明化之成败，在于历史的趋势。形成趋势的因素，则是一国人民的气力与风气。福泽还认为，人民的气力、风气是"一国人民所具备的智德现象"。他的看法显示了其成为文明论哲学根基的思想。他考虑的是以一国人民的知性与道德为基础的文明社会之形成。一般认为要将日本建设成近代国民国家，福泽的文明论是不可或缺的、最完整的蓝图，原因即在此。福泽主张一国的文明化之成败在于历史的趋势，以及人民的气力与风气；而他又指出，一国政治里最有影响力的因素，就是众论。从福泽的论调来看，众论与人民的气力并非不相干。不如说人民的气力从某个角度来看可以等同于众论。那么，又为何会是众论呢？

八、文明论的社会动态史——民智与众论

精读八：第五章《续前章》

（一）何谓"众论"

我在本书中将《文明论概略》自第四章《论一国人民之智德》以后的内容，划分为第二、三部分。福泽在这些部分主要探讨的内容是——一个国家的历史社会，究竟仰赖什么力量来推动该国的文明化呢？他讨论英雄豪杰、论"时势"，都是为了探究决定一国历史的关键性定律。他指出，答案在于一国人民的气力、风气，并将气力、风气的意涵说明为"一国人民的智德状态"，认为一国人民的知性和道德，会决定国家的历史走向，并成为推动国家前进的动力。这正是福泽文明论的哲学表现，即文明论的本质。他提出了"众论"的概念，认为此乃实际决定历史政治方向的要素。"众论"与福泽之前所提的人民之气力、风气，或人民的智德状态之间究竟有何关联？或者，他为何要在此提起"众论"这个概念呢？

> 观察一个国家的人民智德，就能窥知该国的文明状态。前章所提到的众论，即是指国内群众的议论。由于众论能显示该时代普及于人民之间的智德状态，因此通过它便可

明白人心所在。但今日关于众论有两项值得讨论的观点：第一，决定众论力量强弱的不一定是人数，而是民智的分量；第二，即使人民拥有智识，但智识若不与习惯结合，便无法形成众论。（100 页）

众论即是"国内群众的议论"。福泽指出，众论可以显现出一国人民普遍的智德状态。这是文明论中对众论的定义。文明论的目的本在探讨推动一国社会文明化之关键为何，在讨论过程中，福泽提出众论，并以众论为论述重心。众论，是因应历史状况而出现的社会舆论。若"时势"是攸关历史动态性的概念，那众论就是攸关社会动态性的概念。福泽认为"时势"是推动文明化的历史契机，而众论则是推动文明化的社会契机。

前章福泽在提出"寡不敌众"的比喻时，将众论归为"寡"所不敌之"众"。在这比喻中我们能看到，公众、众人的多数性，是众论这个概念的重要性质。但是，这些所谓的多数，若是乌合之众，则将不具备任何推动时局的力量。群众需要正确地形成动机，受到具有一定方向性的议论所启发并将之化为自己的话语，这时他们发出的声音才能形成难以抗拒的有力众论。这样的众论才能成为"寡不敌众"中的"众"。那么，是什么造就了众论的力量呢？是一国社会之民智，或说是该社会之知识分子所具备的智识。福泽盱衡欧洲社会现状，提出下列说法：

　　若平均来看欧罗巴诸国人民所拥有的智德，全国不识字的人应该占半数以上。其中只有能力在平均水平之上的智者所提出的言论，才会成为国论或众说；其他愚民只能苟

同该言论并受限于其中，而不能逞一己之愚见。而在这些
智者当中也存在着无限的愚智之别，彼此争胜、互相排斥，
有的相比之下立见优劣，也有的彼此长久对立而胜负难分。
经过千锤百炼之后，仅有一位能压倒异说者才有资格擢为
国论众说。这也是为什么新闻报章总是众说纷纭争执不休
的原因。毕竟全国人民都受国之智德所鞭策，智德方向一
改，人民也会改变方向；智德若分党派，人民也会跟着分
党派。人民的进退聚散无不跟从智德指引。（102 页）

欧洲各国向来被视为文明社会，而决定其国家社会动向的众论
就是这样形成的。其文明社会可说是彼此争论的言论社会。言论社
会的组成分子，是主导和提倡议论的知识分子与接受议论的一般大
众。当一种言论胜过其他言论，并能左右群众之心意时，它就会成
为国论、众论，风行世间。这里我们要注意的是，学者及言论家的
智识与知性，就等同于社会的智识与知性。这现象的实现，仰赖言
论交流的自由，这自由也受社会保障。所以福泽认为众论的强弱不
在于人数的多寡。他说："其议论之力量不在于人数之多寡，而在
于智德之量之多寡。人的智德就有如其筋骨之力，有的人一人可当
三人用，有的人可当十人用。因此，假如现在将众人合为一体而欲
计算其强弱，若只凭人数多少是算不出来的。必须计算整体所拥有
的力量之总和。"（101 页）

（二）言论的动态史——以维新史为例

福泽说，决定众论强弱的关键，是群众所拥有的智识之总和。

而将该智识化为具体的论述，并成为人群间的媒介，则是学者与言论家的责任。一种言论能否成为有力的众论，端赖于权力与民间智识之间的制衡关系，同时还得通过该言论与其他言论的竞争，来抓紧当下的人心动态。这些跟众论有关的议题，打开了福泽对言论动态史的关注，他由此展开了对维新史的探讨。他聚焦于民智与众论的社会动态，架构出以言论动态史为主的卓越的维新史观。他说：

> 我国人民长年以来受到专制暴政的迫害，为政者的权力来源在于门阀。即使具备才智，不仰赖门阀之力，依然无法发挥能力。一时之间受门阀势力所压制，导致全国之民智不得发挥，事事物物皆停滞不前。但是人民智识所发出的力量是不可抑制的，即使万般事物停滞不前，人智的脚步却不曾停歇。德川政权的末期，人们终于开始对门阀心生厌恶。他们有的成为儒医或作家，有的则隐身于藩士之内，或担任僧侣神官，他们都是识字能文，却不得志者。（103—104 页）

在德川武家政权专制支配下，人民智识受到压制。直到政权强弩之末时，社会各阶层、职业之人终于对所受的压抑产生厌恶，内心的郁愤以多样的形式表达了出来。福泽认为这就是引发维新变革的原因，他也认为这是民智在停滞不前的时代，依然没有停止进步所导致的结果。这个征兆表现于："天明文化年间所问世的著作、诗集或稗史小说中，往往借事寓意，表达不平之鸣。"（104 页）从被压抑的智识化作言论表现中发现政治改革的征兆，可以说这是非常卓越的变革史观。福泽之所以能作出如此议论，是因为他着眼于从受专制政府所压制的民智与权力间的抗衡，以关注人民的智识。他说德川末期的国学者及汉学者之所以能"笔尖流露尊王忧世之意，开暗中议论之端"，其实不在于他们有过人的本领，而只是"一时借尊王与忧世之名，抒发内心之不平"而已。关于权力与民智之间的抗衡，福泽阐述道：

> 　　如今姑且不论其心术是否诚正，也不论其议论是出于公或私，我们只针对其内心衍生不平的缘由进行探究。由其笔端所流泄的语气明白可知，他们的不平源自于自己的才能受到专制门阀的压制，不能充分施展，故而内心忧愤逐日酝酿。对于人情受制于专制一事之厌恶，明白显现。然而在暴政之下，人情受到掩埋不得显露。人情之显露，端赖于暴政之威吓与人民之智识孰强孰弱。政府的暴政与人民的智识，正好处于相反的两极，一方得势则另一方失权，一方得势则另一方心生不平，彼此消长，有如天平两端彼此制衡。德川氏的政权始终处于盛势，因此天平总是偏向一边；但到了幕府末年，人民智识稍微增长，分得了天平上的小部分砝码。（105—106 页）

原本总是偏重于政权一端的天平之所以产生变化，福泽认为原因是佩里率领舰队的来航与叩关开港。幕府向外国表现因循姑息的态度，等于是向世人展现了政权脆弱的一面。"世人见政府之对应，始知政府之愚弱，另一方面，人们与外国人接触，听其言辞或阅读洋书及译本，智识益广。人们终于明白：纵使政府拥有驱使鬼神推磨的能耐，人民也还是能以人力的团结打倒政府。"开港问题，是让原本偏于权力一方的天平产生巨大变动的原因。这个变动让人民集结智识，发出了要"倒幕"的众论，亦即攘夷论。福泽认为，虽然攘夷家举动粗暴、国际认识也不成熟，但他们之所以能得到势力、其言论日益得人心，只是因为他们本着一心为国的无私之情，提倡"唯有攘夷"的"单一之论"，于是能在幕府面对攘夷论与外国势力的夹击、进退两难且日显脆弱之际，气势日涨，终能集结力量，推翻幕府。

攘夷家日益得势，无所忌惮，高唱攘夷复古、尊王讨幕之说，致力于打倒幕府、逐出外夷。虽然他们也曾暗地杀人放火，做出不少令士人君子不悦之事，但由于其目的在于打倒幕府，合乎众论的趋势，于是全国人的民智都朝向此一目标，同心协力，在庆应末年完成了革命大业。（107—108 页）

（三）民智与专制间之颉颃

攘夷倒幕派终于达成推翻幕府的目的，成功地将幕政转归王政，达成复古革命。原本这时应该将坚持已久的攘夷付诸实现，但是攘夷却没被发动，反而改为提倡"排斥大名士族"的运动，转向社会国家制度的改革，这又是为什么呢？福泽认为这完全不是偶然的。由于"攘夷论仅是革命的肇始，可说只是个近因"，维新革命的远因则在于"国内普遍的智识"。既然远因在于国内的普遍智识，那么改革运动就必须先针对专制压制下的旧有制度进行革新。福泽说：

最初一般人将各自的智识运用在不同的地方，其目的既不是要复古，也不是要攘夷，复古攘夷之说只是用来当先锋，来对抗旧的门阀专制制度而已。因此引发事件的不是王室的人，所要对抗的也不是幕府，这是民智与专制之战争，点燃战火的其实是国内普遍的智识。这才是事件之远因。（108 页）

福泽的维新史以言论社会动态史为例，探讨众论的趋势，并将带来激烈变动的新革命之远因，归为"民智与专制之战争"。[①] 两者间的战争正是"暴政之力与人民智力"间的制衡。这里"人民之智识"所指的人民，并非实际的大众或民众，而是与支配政权相抗的智识趋向。福泽在论述中将人民智识当作社会变革的动因，这动因潜藏在与统治权力对抗的紧张关系之中。民智的社会表征就是众论，福泽以维新的变革史来描述众论的趋势，他使用的观点和方法，我们有必要深入了解。他将民智与专制之争视为历史的动因，这可以归为文明论式的历史观，因为社会文明的发达程度，系于人民智识可自由流通与开发的程度。福泽以民智与专制之争为历史及社会变革的动因，这个观点恰恰适用于维新之际日本作为崭新的国

---

① 丸山真男认为福泽所谓维新革命的"远因"出自于"人民智识的提升"。他说："当平均智识提高的时候，最终推翻了门阀专制——这是在深奥的底层流淌的历史动向，或说是时势所趋。因此人民智识的提升是引发革命的远因。……这事提醒我们注意到，人民所被赋予的智德提升的状况，是一个既重要也根本的价值判断。"从丸山的论述来看，他似乎并未意识到福泽所论的焦点——政权的支配压制了民智的提升，以及二者之间的对峙关系。人民的智识之所以成为促动维新变革的要因，是因为它对于专制政权而言，是一股对抗性的潜在力量。

家而起步的政治过程，同时也鲜明地表达了福泽面对政权所持的立场。

（四）民智与众论

福泽在论述维新变革之动态史时总结其过程说："全国的智识形成众论，依众论之所望进行政府改造，终至废除封建制度。"同时他还提出疑问："形成这众论的人数究竟有多少？"他认为人数应该不多，并推论道："至于企划这次改革的人数，在士族五百万人之中，应不到十分之一，减去妇女幼儿人数后，所剩无几。"（110页）换言之，士族内极少数改革派的声音，最后成了众论。关于少数士族内心酝酿改革之志，其言论获得周遭赞同，并成为一国之众论，起而成就革命大业的过程。福泽是这么描述的：

> 不知从何而来的新奇的言论忽焉生成，不知不觉地流行于世间。呼应该言论者，必然是智识发达者，周遭人受其说服或逼迫，也有些人没有主见，只懂得附和，再有些人不得不服从。人数因而愈来愈多，最后该言论终于受到认同，成为一国之众论，其势力足以压倒天下，连鬼神般的政府都能推翻。（110页）

胸怀改革之志的是少数人。但是世间的智识就附在这些改革派身上。福泽说："热衷于变革之混乱者，乃具备智识而无财富之人。"士族之中，少数的改革派所拥有的智识分量，远超过人数多出他们许多的保守派所拥有的。改革派促成维新革命后，也试图主导维新后的国内改革。维新之后，有些保守派改变立场，与改革派合流，故而改革派的势力确实地在增长中。但是我们还是必须注意，促成维新革命的原因，不在于怀抱改革之志者的数目，而在于那多到足以压过保守派的智识分量。所以，"若今日保守派之中出现了一位智识发达的人物，他能得到同伴的呼应而提倡保守思想的话，势力必定日益增长，改革家也只有让路的份儿了"。（111页）但所幸保守派里头，智识高的人不多，就算刚好出现具备智识者，也终将背弃保守派而向革新派靠拢，福泽说当时的现状便是如此。但是，"若今日保守派之中出现了一位智识发达的人物"，还真是个可怕的假设。日本的近代史，究竟是由多少个由党派集结民智、形成众论的事件集合而成的呢？福泽将民智与众论视为历史的函数，他的文明论史观，促使我们深自反省、考察属于我们的当代史。

（五）开口发议论

民智与众论要成为推动历史的有力函数，关键在于社会保障其自由活泼的动力。对福泽而言，民智遭受制约、人们紧闭双唇、各自闭门造车的时代与社会，自古以来就已存在了。他严厉地指出，西洋诸国不论哪个社会阶层，都议论成风，亚洲诸国的社会秩序不仅闭塞，也不流行议论。他说：

> 好比印度的种姓制度，严格规定人的身份，彼此隔离，制度相别、得失互殊，彼此间冷漠相待。且暴政还立法禁止人民集会议论，人民也因为害怕惹是生非，连针对组党与集会之别进行辩论的力气都没有，只知依赖政府却不问

国事。百万人怀百万种心思，各自关在自家之内，户外有如国外，完全不将外事放在心上。连清除井中泥土之事都难以商量，遑论商讨修建道路之事。路上即使看到尸体也事不关己，看见狗粪就绕道而行，真所谓忙着互相躲避，更不要说聚集而议论。习惯日久，便成为风俗，演变成如今的样态。（115—116 页）

福泽在此虽然指出这是亚洲诸国的习惯，但专政下的日本社会，也基本上为这样的习惯所支配。即使刚脱离专政封建，福泽依然可以从周遭感受到这一社会痼疾。"习惯日久，便成为风俗，演变成如今的样态。"福泽的用字遣词如此激烈，让人感受到字里行间的怒意。实际上亦然，日本集会议论的风气尚未兴起，政府明订条例，限制报纸的言论、封锁人民批评政府的渠道，企图压制言论自由。《文明论概略》完稿于明治八年（1875），当时政府为了取缔反政府的言论，而订定"谗谤律"及新闻报纸条例。

还有让福泽更加气愤的现象。"我国政府将岁收的约五分之一，都花在华族士族的家族俸禄上，而其税赋的来源，当然是农民商人。"这关联着贵族家族俸禄的废止问题，可是身为当事人的士族与百姓，却完全不曾发出任何议论。福泽感叹道："百姓与士族即使到了与个人利害得失相系的关头，却好像听闻外国逸事一般，那事不关己的态度，有如静待天降祸福，默而受之，任其发展。这岂不是十分怪异吗？""不发议论的习惯"已经支配了日本人的心。福泽说："日本人受到不发议论的风气所制约，坐视不该坐视之事，该开口时不开口，该发议论时也不发议论。对于这样的状况，我除了惊讶还是惊讶。"（117—118 页）直到明治九年，政府才订立公债支给条例，废止了华族士族的家族俸禄。

对专制政府而言，统御不开口也不发议论的人民，是最方便的了。但是在现在这个时代，唯有通过积极与各外国交流、通航，国家才得以存立发展。仰赖不开口也不发议论的人民，如何与外国进行交流呢？福泽对日本人表示了深刻的忧虑：

> 如今正是我们日本与外国人互争利益、持理相斗的时刻。在国内个性淡泊的人，对外也不可能不淡泊，在国内反应愚钝的人，对外也不可能变得机灵活跃。对于专制政府而言，士民的愚钝淡泊，可以说是有利的，但是若仰赖这样的士民去跟外国人进行交际，则前途堪虑。身为一国之人民，若连站出来为地方利害发言的勇气都没有，连重视自己身为一个个体之荣辱的气度也不足的话，说什么都无济于事。人民缺乏气度和勇气，并非天生缺陷，而是因习惯而失去的。因此若要恢复与生俱来的气度和勇气，也只能靠习惯了。所以说改变习惯是非常重要的。（118 页）

九、文明的智慧和道德——智德的重构

精读九：第六章《智德之辩》

（一）智德的重构

福泽论述时势之际，指出一国人民的气度和勇气，是推动一国历史走向的关键，并说明一国之人的气度和勇气就是"一国人民所具备的智德状态"。福泽把一国人民的智慧与道德，视为历史之舵手，推动历史前行的主要原因。我认为这是福泽文明论哲学的一种表现。在第六章《智德之辩》中，福泽从正面论述何谓文明的智慧和道德。他说自己准备在本章中"区别智与德，展示其旨趣之相异处"。

换言之，福泽把本章的课题定为如何区别智与德，要将何谓智、何谓德二者分辨清楚。然而观之东洋传统，尤其在儒教的传统思维中，都是把"德"理解为"智"。所谓"智德"，意指具备"智"之"德"，而非"智与德"。例如"仁义礼智"中的智即是德。这里的"智"是人类内在的睿智之意，即可以清楚分辨何为善、何为恶的心之睿智。在儒教之中，最为睿智之人，被尊称为圣人。但福泽准备将"智德"区分成"智与德"，这样的做法本身，其实就是对传统"智德"观进行批判性解构——借由辨明"智德"，来重建文明意义下的"智能"和"道德"。如同我们已经在多处见到的，福泽文明论的展开，也是一种对儒教立场与思维的批判性解构。然而他的用意并不在于单纯地废弃儒教式的立场和思维，而是把儒教当作一个否定性的前提，重新予以文明论式的批判性重构。他说：

> 所谓德，即德义之意，西洋之语称之为"moral"。"moral"一词，意为心之行仪也。当一人内心能常保谦逊，则将不愧于屋漏。所谓智，即智能之意，西洋之语称之为"intellect"，即思考事物、分析事物、理解事物之能力也。（119页）

福泽将"智德"区别成"面对事物的智能"与"心之样态"。接着又从公私之两面区分此二者，举出"智德"的四个种类。他指出：

> 德义和智能，各有两种之别。第一，如同笃实、洁白、谦逊、正直等个性特质般，凡属于一心之内者，谓为私德。第二，如同廉耻、公平、正中、勇敢等个性特质般，关乎与外界互动，而见于人类交际层面的行为，谓为公德。第三，探究事物之理，对应乎其理的知性运作，名为私智。第四，分别人事的轻重大小，区分轻重先后之序，以轻小为后、以重大为先，辨明时节及场所而后行动，谓为公智。故私智亦可称为机灵的小智，公智亦可称为聪明的大智。（110—120页）

福泽将"德"区分为"私德""公德"两种，又将"智"区分为"私智""公智"两类。四者之中，最为重要的是"第四条之大智也。若缺乏聪明睿智，则无法将私德私智扩为公德公智"。可知福泽因"智"与"德"运作的公私场合有所差异，而将之区分为四种。"德"被区分成"私德"和"社会道德"（"公德"）。"私德"与自己本具的内心样态息息相关，"公德"则和人际关系息息相关。"智"被区分为"私智"和"公智"——"私智"是与个别状况或个别事务相关的人之机智，"公智"则是基于社会、国家的整体背景，通观历史而作的判断。福泽进一步指出，"公智"能分辨事情的轻重大小，以重大之事为优先并区分公私；他也将"公智"解释为"能从公的立场来思考事物的才能"，故谓为"聪明的大智"。然而，他之所以视此大智为最重要，是因为大智是不拘于一己的私见，而以国家社会的真正利益为首要考虑；不局限于昨日今日的短视，而放眼历史长河，做远瞻的考虑。具备如此的智慧，方是文明的智慧——而这样的智慧正是世人所需要的。

然而这一章的安排并不以此结束。将"智德"区分成四种，强调"聪明的大智"之重要，并不能完成本章的使命。区别"智"与"德"，将智能从德性中独立出来，提倡智力的作用大于德——此般立场必然与传统思想龃龉。譬如，区分轻重大小，以重大之事为优先，区分公私，从公的立场来判断事物——这样的行为福泽称为"聪明的大智"，但传统上不是称为"大德"吗？为何称之为"大智"，却不称为"大德"呢？福泽如此回答——传统儒家道德论中的"德"所尊敬的结果"与其说是显现于外的行为，不如说是存留于内在之物，才可以德义名之。以西方语言来表达，应该是'passive'，意指并非由我来发动，而被动地接受外物作用的姿态，以释放私心为唯一要务"。不过世人所需的"大智",是和此被动之"德"相反的精神活动。此处需要的是将"智"由"德"之中明确地区分出来,以之为基础,将"智"重构为文明的知性。

为了将"智"重构为文明的知性,将"德"重构为文明社会的道德,福泽的文明论在面对重视内在描述的传统儒教心性论或道德论时,必然产生激烈的交锋。第六章的"智德之辩"的绝大部分在描写这样的交锋。我们如今能够让知性派上用场,也许是多亏了福泽等人先一步与传统思想短兵相接,我们才能坐享其成呢!

(二)智·德的区分与重构

传统上,"智"是内含于人类的、富于睿智的"德"。福泽试图将此"智"从"德"之中区分出来,重新建构为文明的知性。为了这个目的,"智"与"德"各自的概念,必须先进行重建。区分"智""德"之后,分别建构其概念——这样的操作程序可能会让传统的儒家概念发生解体、变化。福泽如何将"智"从"德"之中区分出来,并重塑为新文明的知性及智能呢?

智·德的内外之分

德义存于一人之内心,而非外显以示于他人之行为。所谓修身、所谓慎独,皆与外界无关。譬如,无欲正直虽为德义,然若因恐惧他人之诽谤,忌惮世间之恶评,而勉强做出无欲正直的行为,则不可谓为真正的无欲正直。恶评与诽谤乃外物也,受外物所制约者,不可称为德义。若视之为德义,则因一时之事而无可免于世人之咎时,那么贪欲不正之行为也就算不得妨害德义了。如此，则不可能有伪君子与真君子之别。故而德义者，无关乎一切外物之变化，不顾世间之毁誉，威武不能屈，贫贱不能移，乃坚定不拔，存于内者也。

智能则与之相异。与外物相接，考虑其利害得失，若行此事有所不便，则改以他法；即使对自己便利，但众人皆云不便时，辄又改之；曾经为便利者，一旦出现更加便利者，则取后者以代前者。譬如，马车比轿子便利，但若知有蒸汽力，则不可不制造蒸汽车，利用蒸汽力。不论是制造马车，或发明蒸汽车，察其利害而善用之，即智能之作用也。如此，与外物相接之际，随机应变而处置，即智能也。其旨趣完全异于德义，乃出自外在之作用。（128—129页）

德义为一人之行，其功能所及，止于一家之内。一家之主行止正直，一家之人自然正直，父母若言行恭顺，子女之心亦自然归于恭顺。

智能则不然，一旦发明物理，并公之于世，则将立刻轰动全国，摇撼人心。若该发明至大，则一人之力，亦可能使世界之貌一新。（129页）

福泽将"德"视为一人秉心之法，并将其功能限定于一人一家的私领域之中。"德"，乃至道德，在传统上的定义并非如此。朱子的性理学将"德"视为心性概念，而将"仁义礼智"视为人的本性概念。朱子的学说认为"仁之德"是产生天地万物的心，生身为人，便具备及于他者的慈爱之心。可以见出，福泽在这里将

123

"德"内化为一心，把它的活动限定于一人一家之中，重构了儒家的"德"概念。将"德"内化为一心，也表示着把"智"从"德"的范围内区分出来，将之外显化，并从"智"的活动中进一步撷取出社会性因素。福泽把"智"解释为接触人类外部世界之万物，并进而认识、应用万物的活动。如此一来，"智"的功能便被程序化了，而它认知外物的结果也被公式化了，成了万人皆可利用的公共物。他以瓦特发明蒸汽机以及亚当·斯密发现经济法则为例，进行了说明。

德之不变与智之进化

德义之事，自古已定，难以更易，耶稣之教的十诫、孔子之道的五伦，圣人所订立的教义大纲，经数千年而不曾改变。自数千年前迄于今，盛德之士君子辈出，唯独对于圣人之教义大纲不曾增添任何新的项目，仅仅予以批注而已。（132 页）

智能则不然。古人若知一，今人可知百；古人所戒惧者，今人已可以智能侮之；古人所以为怪者，今人已可施智慧辨之笑之。智能之数量、项目日增，缘于智能之发明益多，古来已不胜枚举，今后之进步更不可测也。（133 页）

福泽以基督教中的十诫、儒家中的五伦为例，说明"德"之历经千古而不易，与之相反，"智"的进化却日新月异。在此，福泽描绘出人类社会的两个层面——不变的"德"与进化的"智"。人类社会是由人类所构成的社会，具备恒常不变的基础。十诫和五伦，可以说是攸关人类社会之恒常基础的教义。人类社会通过与自然环境的联系，社会之间的相互交通、交涉，令文化生活得到进化。福泽主动针对人类社会的不变与进化这两个层面做了一种分配，将不变划分为"德"所属、将进化划分为"智"所属，重新厘定了文明的知识和知性，强调必须以"智"的进步为特质。在此，福泽所谓的"德之不变"之命题，仿佛靴子上的环扣般，紧系住这个理论。[1] 福泽以这个环扣为基础，强硬地将"智德"区别开，将由"德"剥离出来的"智"，规定为一种文明的知识。

> 德义之事，不可以有形以教之。是否能学得，关乎学习者的心性功夫。譬如，经书上记载的克己复礼四字，即使了解其字义，也无法视之为已传授之道，须进一步阐明此四字之意义。克己即克制一身之私欲，复礼即返回自己的本心、认知自己的本分，并需仔细反复说之。教师之用，唯此而已，再无其他传道之法。之后便有赖于各人之修养，或读古人之书，或见闻今人之言行，仿效其德行而已。此即所谓以心传心，或所谓德义之教化。
>
> 教化本为无形，是否得到教化，也无试验之法。有人恣行逞欲，却自以为克制了私欲；有人专务分外之事，却自以为安分守己。他们要如何思考如何作为，教者完全无可施力，仅能系乎学习者如何在心上做功夫。（134 页）

以"德"教人，只能做到解说"德"之意义，直到让人理解的

---

① 丸山真男：《读〈文明论概略〉》中，165 页。

地步而已。学习者是否真的能够从心底去领略"德"的意义,与教师无关,端看学习者是否用心下功夫。可以借由读书或学习古人,自己下功夫去把"德"化于内心之中。然而"德"是否已经化于内心之中,由外部是无法得知的。德化是无形的,必须在内心衡量,无法通过外部的试验,来决定其合格与否,也无法将之数据化。也有人在内心恣行逞欲,在外表上却伪装成君子——所谓的"伪君子",这正是因为德化本无形。福泽于是说:"究竟是真正的恐惧天或假意地恐惧天,外人不可能一眼看破。这就是世上产生伪君子之缘由。"(135页)那么,智又该如何看待呢?智难道就不会导致"伪智者"出现吗?福泽说:

> 智则不然,世上之智,分量何其丰富,不经教授,而互相学习之,便可以自行感化他人,进入智之域。虽然此过程与德义之风化无异,然而智能未必仅能仰赖教化来加强其作用。智可以有形而学之,也可以明显地见其迹象。譬如,学习加减乘除之术,便可以实际运用于加减乘除。听闻水沸腾变为蒸汽之理,再习得制造机器、利用蒸汽力之法,则可制造出蒸汽机。既制成,其功用便与瓦特所制造的机器无异。此即有形的智教。(136—137页)

> 因智能之教可以有形,且可遵循有形的规则准绳加以试验,因此将智能授予他人之后,对于其实际运用若感不安,则可以实际试验看看。……智能之教,无一不可有形而教之也。(137页)

"德"之教,彻头彻尾奠基于人心,它的成果无法从外部进行确认，乃是无形的教化。反之，"智"之教具备客观的程序与方法，任何人皆可以利用、遵从，乃是有形的教化。智教的成果可借由试验来实际衡量。如果有位航海者不会操控船只或者经济学家拙于家计的话，则可以明了他们其实并未真正习得航海术或经济知识。因此福泽指出：在智的世界里，没有伪智者生存的余地。

通过"智"与"德"的对比和区分，福泽将"智"重新塑造为文明的知识、知性，并昭告世人。他对于"智"这个概念的重构，其做法如同我们已经见到的，是一种先把传统的"德"概念规定为负面意义之物，再由其反面来解释"智"。"德"被内化于人心之中，"德"的条目被当作原地踏步的、保守的心性准则，"德"的教化被视为暧昧的心性教育，且无法检证其成果。"智"与这个负面意义的"德"恰好相反，它被再造为备受肯定的文明知识、知性。在此，福泽表面上针对"智"与"德"的概念进行重构，但实际上可以说是对"德"这个概念加以否定并进行批判性的解构。他在前文指出"公德"是人类交际上的道德，亦即文明社会之道德，不过他并没有通过类似的批判性解构，重新形塑"公德"的概念。通过对"德"概念的否定，形塑出的是一个从"德"之中剥离、由"德"之反面所建构的"智"，即文明的知识与知性。或许福泽认为这个文明智慧，正是新的道德所带来的智慧。的确，他在后面曾经提及："因此在野蛮草昧的时代，私德最受彰显，而随着文明之逐渐进步，渐失其分量，进而改变其旨趣，为公德所取代……"（第七章《论应推行智德的时代与场所》）由此观之，社会上若民智充沛、文明进步的话，"私德"之作为社会道德，也一定会产生质变和新的发展。

然而，在现今的日本，福泽采取的文明化战略，是一种彻底排斥道德主义的立场。由于道德主义系基于"私德"而产生，福泽主张应该以充实智识为当务之急。那么，为什么福泽要如此激进地批判德义和德教呢？究竟是什么原因促使他坚持这样的思想立场呢？

（三）道德主义批判

福泽激烈地批评传统的道德论，因为他面对的是道德主义论者根深蒂固的思维。道德主义的立场是以国家社会为根本，主张人间万物，都应以道德为首要考虑。道德主义的立场源自儒家，主张平天下与治国，必须由一己的修身起步。由儒教所代表的道德主义，在文明开化之际并没有消失。日本国家社会之近代化亦即西化，在明治维新时期激烈地展开，动摇了社会原本的精神体系和道德轴心。社会上的有识之士，面对此激烈的文明变动，遂对于日本社会道德层面的留白抱持强烈的危机意识。那些怀抱危机感的人，并不是只有保守派的汉学者或是国体论者。与福泽同一阵线的、明六社的启蒙思想家也有人抱持类似的危机意识。西村茂树（1828—1902）于明治九年（1876）设立了"修身学社"，这是"日本弘道会"的前身。他后来在明治二十年（1887）撰写《日本道德论》，展开国民道德运动，也是因为面对明治社会的道德空白而怀抱着强烈的危机意识。伴随此类在社会转换期所产生的道德危机意识，儒家道德主义再次蜕变，还魂再生。明治国家的道德危机意识很快地引来了《教育敕语》的颁布。福泽文明论于是直接面对着如下的景况：社会在进行文明转换之际，道德出现空白，以及随之而来的道德主义诉求。他描述道：

　　世间之德行家有言：德义乃百事之大本，人间之事，没有不由德所成就者。若修一身之德，则万事俱可成就。故德义不可不教，不可不学。人间万事，放下无妨，应以修德义为先，再谋其他。世上若无德教，则犹如暗夜无灯，无从辨明事物之方向。西洋之文明亦由德教所成就，亚洲之为半开化、非洲之为野蛮，则由于人们修德义之深浅所使然。（142页）

　　在文明的转换期，人们所涌现的道德危机意识，令社会出现各式各样关于道德复兴的主张。福泽描述道："有人因人类之不德而悲，或因人类之不善而忧。也有人主张应接受基督教，或主张振兴已衰微的神道，抑或主张推广佛法。儒者有其说法，国学者有其论调，众说纷纭，莫衷一是，其悲忧叹息之状，宛如水火之将波及家门者也！"（142—143页）福泽形容此状"何其狼狈不堪！"面对盛行的各种道德主义言论，他感到愕然。道德主义者有的叹息道德衰微，仿佛世界末日，有的则高声宣扬德义可以救世，标举极端的道德主义。此类极端道德主义的问题在于，它主张道德之性才是人性与人类能力之最优越者，认为道德才是人类社会之根本，如此一来便抹杀了人类的全部价值。可以说，极端的道德主义者丧失了在历史的转换时期，正确分辨本末轻重的判断力。福泽认为当时日本的议论，应集中在如何提升文明程度，如何增进人民的智识以及如何维护国家的独立上面来，可是道德主义式的议论却迷失了方向。他指出：

即使可以掌握事物的极端，也不可把这个极端定为议论的目标。现在如果把不善不德定为最极端的情况，全心致力于抢救不善不德之状，固然可能救燃眉之急，实际上却可能只是有洞补钉，顾此失彼，以偏概全而已。就好像直接以手取食一般，不可能成为灵活运用于人类生活的良方。如果只见事物之极端，就订定议论之目标的话，德性之教终有欲救而乏力的一天。打个比方，若今日把德教订立为文明之大本，令全世界人人皆诵读基督圣经，读经以外别无所事，那么将会如何呢？若盛行禅家不立文字之教，使天下人民忘却文字，那么又将会如何呢？只知暗诵《古事记》、五经，专务学习忠义修身之道，却不懂得如何糊口，这样的人可以谓为文明之人吗？去除耳目五官之欲，忍受艰苦，而不知人间世界为何物，这样的人可谓为开化之人吗？（143页）

福泽以充满揶揄的口气，激烈地批评道德主义，这是他的本意所在，他希望固守日本的议论焦点。他以非常严厉的口气，对道德主义、修身主义之提倡修养私德（重视一己之修身与德行）以保全人类天性的主张大加批驳：

然而如今，有人孜孜于教导片面的私德。他们身为万物之灵，却仅以避免不德为事，以避免不德为人生的终极目标，并以德教之施行来笼络世人，无形中却使得人之天赋智慧降低。毕竟他们的做法只能说是一种蔑视人、压制人，妨碍天性的举动。（147页）

（四）日本的当务之急在于民智

福泽指出，现下日本的有识之士认为基督教是一种文明的教化，且有利于文明化。神教、儒教、佛教则离文明之途甚远。不过细想，教化或宗教本身，果然有正与邪之别吗？未开化之人一旦改信基督教，就能够马上变身为文明人吗？虽然可以见到极少数的地区开启文明之端的例子，但是福泽指出："那是因为该地之文明与教师所传习的文学技艺与时俱进，而非单纯借宗教的力量便可以达成。"（149页）福泽在批判道德主义之后，再次对基督教的意义提出质疑。他的疑问是：对于日本的文明化而言，宗教或直截了当地说基督教，究竟具备怎样的意义呢？当然，环顾西洋各文明先进国家，基督教伴随其文明历程而逐渐发达，也成为一种具备文明价值的宗教，这是毋庸置疑的。但问题在于引进基督教的主张——这些主张与道德主义的主张一样，不只是鼓吹引进基督教，还认为基督教是唯一的、能够帮助日本步入文明的方式。于是议论回到了对日本的文明化而言，究竟该以什么为重的问题。应侧重的究竟该是道德、宗教，还是人民的智识呢？福泽说：

> 就宗教本身而言，并无利弊之分。它的价值是随着信徒的智愚而改变的。不论是基督教或释迦教，一旦传至愚人之手，便只能为愚人所用。今之神、儒、佛三教，正因为受到神官、僧侣、儒者之辈所掌握，由他们来教化人民，故而陷于迂阔。如果此辈之人奋力学习（虽然很难这么期待），以文学技艺为宗教之饰，并向文明人说其教，

则将令该宗教之价值增加百倍，令他人称羡。打个比方，宗教如刀，信奉宗教之人则如工匠，虽有利刀，但落在拙工手中，便将毫无用处。德行虽佳，若逢不文明之人，亦不能发挥文明之用。那些仅知德行之人，总是把工匠之巧拙，误以为是刀之利钝所使然。所以我认为私德必须通过民智来发扬光大，民智可引导私德，落实其功用。如果不能兼备智德二者，则社会文明将不可期待。（151—152 页）

换言之，福泽认为教化本身并无文明与未开化之分，要成为文明的教化，其关键在于传教之人与信徒们智能的高低。他强调日本早已信奉了相应的教化，且浸淫于德教之中了。因此关于教化的议论，或许日本的确尚不及西洋，但对日本而言，现下的燃眉之急并不在于教化或德性。

福泽要人们尝试从智识的层面来和西洋做比较。"如果将日本人之智识与西洋人之智识进行比较的话，不论就文学、技术、商业、工业等层面而言，或从最大之事论及最小之事，由一至百至千，没有任何一项能出西洋之右的。"（154 页）他的意思是，西洋与日本之间，存在着无比巨大的落差。福泽挑明地说，"除了天下至愚之外"，不可能会有人"以为我国之学术与工商业可与西洋列强并驾齐驱"。于是他导出明确的结论：

　　目前我邦最迫切需求的，除了智能之外还有其他吗？学者不可不慎思。（155 页）

（五）"智"失去了"德"之后盾

福泽批判了道德主义，接着确认了对日本而言燃眉之急在于积蓄民智。"德"在《文明论概略》一书中被塑造为彻底消极的、负面的概念，由此，"智"作为一种文明的智慧，其特质得到了进一步的强调，从而获得了重构。的确，吾人所具备的"智"，已经失去了"德"这个后盾，已经从"德"之中剥离了。吾人面对自然事物，试图理解分析它们的视线，与发自同情怜爱的目光是不同的。而正因为二者不同，才使近代理性的认知立场得以成立。福泽所作的努力，就是探讨此认知立场，确立文明论，而这也是一场思想抗争。不过如此一来，我们也便失去了"了解分析事物的同时，尚需有同情怜爱伴随"这样一种眼光。

在此举出贝原益轩（1630—1714）的看法，绝对是有帮助的。贝原益轩将"博学之智"与"道德之睿智"并列而观，至今仍因所著《养生训》一书，而为世人所记忆。他留下了海量的著作，一部分是关于自己生身之处——福冈藩——的历史与风土的记述，他也写作了不少儒书，此外尚有本草、养生、事典、礼书，以及被称为"益轩十训"的教条总集。他对于世间事物始终抱持广博且强烈的知性关怀，如此亲近人事、脚踏实地的态度，造就了他一往无前的智慧。他说："学者若欲广其智，必先要多闻多见。盖若非多闻多见，何以广智哉？"[1]他提倡"博学"或"多闻多见"，亦即经验知识的扩大。我虽然在此将益轩所说的"博学"和"多闻多见"改称为"经验知识的扩大"，但这个改称还是不脱近代式的抽象化。其

---

① 贝原益轩：《慎思录》卷之二。

实益轩根据《中庸》而来的"博学"说，大概是这样的意思，也绝不只是"经验知识的扩大"所可以形容。

益轩在《五常训》中说："人身有一大宝，名之为智。"又说："若人身无智，则如天地无月，人无耳目，暗夜无灯，又如家无主，军无大将。"他说这个"智"就是"心之光明"，意即"辨明事物之善恶、是非、正邪"时所需的睿智，所以是"人身之大宝"。益轩指出，要追求此大宝，是有路径可以依循的。他说："求良师良友，受其教，从事素质高的学问，读书、广见、多闻，深思熟虑，于自己内里求其道理，于是可以此敞心、明智。向师友求道时，应谦逊己身，不自以为是，好问人，多闻。"[1]他强调要追求"智"这一人身之大宝的方法很多，其中"广见，多闻，深思熟虑"与"博学·慎思"往往是最为人所需要的。且"广见、多闻"的态度，就是不能够局限自己、矜持于自己，而要"敞开心胸"。益轩主张"博学"的知性态度，是通往道德的睿智之路。除了积极倡导这种态度之外，益轩儒学中的"博学"尚有地位，那是一种在"公私"之辨中，与公共性、公开性攸关的道德态度。当我们思考益轩所谓的知性态度"博学"时，必须如此观之。再引一段益轩的话：

> "行恕，可以区分为公私二者。公为无私。我以爱己身之心爱人，人我无别，不拘泥于个人立场、谋一人之私，是公也。此亦仁者之心也。私为无公。我与人有别，仅欲谋己身之利者，私也。""若云仁恕公私之别，则他我无别、无私者，公也。公而行爱之理，仁也。私则人我有别，不

---

① 贝原益轩：《五常训》卷之五《智》，强调记号乃笔者所加。

行爱之理，不仁也。"①

这里的"公私"之区别，建立于摒除私心，不区分人我之别，将道德共感力及于他人，拓展想象力的努力之上。"公"超越了"私"，是一种爱屋及乌的"爱"，这就是"仁"。说明至此，读者们应该可以理解为什么益轩在倡导"博学"（敞开自己心胸的知性态度）之后，还要倡导"爱物"之"仁"了吧？因此他在《慎思录》中讲述"博学"的章节后面，还要加上一句："禽兽爱己，不知爱物。是由于不仁也。""博学"是超越了私而广及人与物的"智"；"仁"是超越了私而遍及人与物的道德共感力。与其说"博学"与"仁"互为表里，倒不如说后者支撑着前者。不只要对自然之中的物进行了解，还必须爱之惜之怜之。行笔至此，我才终于发现，益轩所谓的"博学"，其实是一种受到"仁"所支撑的儒家之"智"。如今，我们却面对着把"智"从"德"之中剥离并且推演到极端，来到当代。

---

① 贝原益轩：《五常训》卷之二《仁之上》。

十、作为目标的文明社会——智所当行的社会

精读十：第七章《论应推行智德的时间与处所》

（一）文明化的"时"与"地"

福泽在本章开头指出："论述事物之得与失、便与不便时，应考虑其时代与场所。"我想他要表达的应该是：如果充分考虑"时"与"地"的因素，事情就不会因为不能因地制宜而成为笑柄。也就是说，他是想提醒世人评估状况的重要性吧！[①] 他说：

> 中古时期发明的长枪，对当时的战争而言相当便利，却无法适用于明治年间。东京的人力车在市中心相当便利，却无法在伦敦、巴黎使用。战争是件坏事，但在面对敌人时却不得不战。杀人无理，战争之际却不得不杀。专制暴虐的国君理当受贬抑，但见过彼得大帝的作为后却不

---

① 丸山试图在本章探讨涉及"状况认识"的时代论与场所论。他说："（一旦进化到文明世界，）对状况的认识就愈显重要。人与人的往来越频繁，人类的行动模式就会越复杂。必须因应各种状况，而采取必要的对策，过去用简单的道德规律就能够解决的问题，将转化为知性问题。这就是福泽致力于表达的意思。"（《读〈文明论概略〉》中，228 页）

会责怪他。忠臣义士的行状固然应受表扬，却不应以此断定无君之美利坚合众国为野蛮。彼一时一处也，此一时一处也。世间事，实无一贯之道，当随时而进，随处而行。（165—166 页）

在这段引文中，他以长枪与人力车为例，举出可能落人笑柄的种种谬误，来说明状况评估的重要性。列举实例之后，福泽随即切入重点："实无一贯之道，当随时而进，随处而行"，可知他不单纯在强调状况评估一事。封建社会里的君臣之谊特别牢固，对于"忠臣义士的行状"极为赞赏。但是在迈向文明化的社会里，仍然将"忠臣义士的行状"当作国民的标杆，就和在近代战场上依然持长枪上阵一样，不合时宜。因此所谓的状况评估，就必须以"此刻、此处"为基准，去追求文明社会的实现，思索哪些事项在本质上是必要的。

"时"与"地"对福泽及日本国民而言，意指欲实现文明社会的"明治"之"现在"。因此必须扪心自问，"明治"之"现在"最不可或缺的究竟是什么？这正是福泽文明论提出的课题，《文明论概略》也正是福泽针对此课题的正面答复，他在书中为文明社会提供了规划蓝图。

（二）反文明的·反智的社会

福泽认为文明社会的建立，必须仰赖民智的提升，又指出近代日本的首要课题就在于"智"，即形成文明的知性、累积文明的知识。在此，我们有必要重新确认福泽所规划的文明社会蓝图。他所要探究的是：讲求民智的社会是个怎么样的社会？"应推行智德的时代与场所"此标题已经反映出这层意思。然而，福泽在描述文明社会的特质时，总喜欢举性质相反的社会（野蛮·反文明·反智的社会）来衬托，以反证式的叙述为基础。这也是《文明论概略》之文明论述的结构特质[①]——文明社会的特质描述，奠基于反文明性社会的特质叙述。

福泽首先描述由君王统治人民而建立的古代国家社会，这里他以中国古代国家的成立为基准来进行说明。众所皆知，中国的社会为皇帝的专权所支配，由儒教的德治主义所支撑。对福泽而言，这样的体制是反文明的，同时也是反智的社会典型。他说：

> 此酋长者，既已取得权威，但无智之人，举止反复无常，令权威无由维系。故须导之以高尚之理，服之以长久之利益。为了统合方向，共同为维护同一种族之体制而努力，唯赖与生俱来的恐惧与喜悦的心，并显示目前的祸福灾幸，乃唯一方法。这就是所谓的君长的恩威。于是可开始制礼作乐。礼者，用以令人民油然而生敬长之心，并领略君威之尊贵；乐者，用以对愚民行不言之化，使之油然而发爱慕君德之情。以礼乐服民心，以征伐制民力，率众庶于不识不知之间得其所处，褒扬善人以满足其喜悦之心、

---

① 关于这点，当论述福泽的"文明"概念时，笔者已在前文再三叙及，也不断说明丸山对此并无留意一事。如同丸山在《读〈文明论概略〉》中，将此章（第十二讲）标题定为"由畏惧衍生的自由"般，可知他关注的是近代知性如何成立，而几乎不理解本章的含义。

惩罚恶人以退其恐恶之心，恩威并施，人民之苦病亦自然消泯。

　然而，若褒善惩恶由君长的心所决，则人民唯处于褒扬或惩罚之境才能生出恐惧或喜悦，则无从明了奖惩之原理。如同遭逢上天之祸灾幸福，悉皆不出于所图而致般，事事物物无不出于偶然。当一国之君成为偶然祸福之源，则人民将不得不尊之服之，视之为超然于人类者。支那尊君主为天子，缘由于此。（168—169页）

荻生徂徕认为，古先王以礼乐教化人民，仿佛和风甘露，孕育植物。将君主的统治拟为上天的恩惠，对人民而言，君主好比"超乎人类"的天。由君主之处得到奖赏，便感觉仿佛受天之惠，遭遇君主的刑罚，则视为天之暴威。福泽认为，中国称君主为"天子"的由来便在于此。但是称君主为"天子"的不只是中国，日本亦然。如果从这个角度出发，那么福泽在文明论论述里，提到反文明的皇帝专政国家——古代中国，其实就在隐喻天皇国家日本吧！诚然，就好像福泽预见了日本将施行天皇制的家族国家制度一般，他认为由君主之"恩威"所统理的世界，有如由具备权威的家长所治理的大家族。"只是身为酋长者，经常能知其时势，以恩悦之、以威吓之，视全族人如一家之子，保之护之，大如生杀予夺之刑罚、小如日常家计之琐事，都与君上有关。见其趣，天下正如一家，亦如教场，而君上如亲如师，君主的威德如鬼神般不可测，换言之，君主一人兼具父母、教师、鬼神三职"。（170—171页，标记乃作者所为）不论在什么样的情况下，当服从于君主身兼"父母、教师、鬼神"三职的世界（福泽称之为"野蛮的世界"）时，智慧是无法起作用的。

> 野蛮之世，人际相交唯恩威二训条而已，即非恩德则成暴威、非仁惠则成掠夺。两者之间，无智慧之活动。古书明言，道有二：仁与不仁，即为此意。（171 页）
> 毕竟在野蛮无文明之时代，人际相交唯受德义支配，余皆无用，此其明证。（171—172 页）

对福泽而言，野蛮不文的世界，就是民智无法发挥作用的世界，是一个仅受到德与不德支配的世界。福泽断言："仁政并非无法施于野蛮不文之世，仁君亦不因与野蛮不文之民接触而不高贵。"（176 页）他举仁政的德治主义，来为野蛮不文之世的统治做注脚，可见其立场之激进。

（三）民智发达的光景

如果"野蛮不文之世"仅受德与不德所支配，那么受到人之智能所左右，与人之知性共同运转的社会，又是什么样的社会呢？

首先需厘清"何谓智能"的问题。福泽认为，智能伴随着人文开化而成长，"与天地万物相遇时，不轻率忽略它，见着事物的作用，便探求其缘由，无法求得真正的本源时，便抱持疑惑之心，选择该作用的利害得失，并应运用趋利避害的方法"（172 页），于是乎怀疑、探究、观察以及研究方法等便建构出人类的智识。福泽还描绘了西洋文明社会中，人类智识发达的光景：

　　试以今日西洋文明观其趣，一般而言，人之五官感知身外万物时，必先求其性质、察其作用，追索该作用的缘由。虽仅有一利，也应取之，虽仅有一害，也应除之，必尽人力之所能及。一旦制御水火、制作蒸汽，便可横越太平洋之波涛；纵有阿尔卑斯山之高峻，也将能碎其石，令车辆行走。……遭风波之害时，则筑港护船；遇流行病侵害，则驱之逐之远避之。

　　简言之，人智可抵御天然的力量，进而发掘造化的秘诀、制衡其活动。人类之智勇无可匹敌，人可使役天。（172—173页）

对人类而言，与残暴的自然力抗衡、发挥人智，并将之转化为使人类受益的力量，这个西方的人智发展过程，也论证了先进欧洲人民与后进亚洲人民共同促进的文明之进步。福泽也持有相同的看法。然而，福泽不单是一位人智征服自然的歌颂者，他还进一步从人智的发展中，看到社会从残暴衍生出来了自由。他说：

　　既然天然力已经受到控制，划入我所主宰的范围，何以需要忧惧人为之力，不加以笼络呢？人民的智能渐次提升，有能力探索人事如何运作以及人事运作的根源，不再轻视之。圣贤之言不足以尽信，经典之教也应存疑。尧舜之治不足羡，忠臣义士之举亦不足为效。古人者，古代行古事者。我者，今日行今之事者。不仿古施今，则通体将豁然开朗，如天地之一物，心得到自由，可无拘无束。（173页）

智慧把人类从自然的残暴中解放出来，也把人类从人为的暴力中解脱出来，并获得自由。这层认识令福泽义无反顾，登高一呼，成为促使日本迈向文明的改革先驱。对于那些深信智识能让人类从社会的暴力中解放、重获自由的人而言，那隐藏在暴力之后的君恩或臣民献身等美德，早已成了"野蛮不文之世"的遗习。福泽以"我者，今日行今之事者"之现代性自觉，发掘出日本作为一个智识所当行之社会的可能。这里透露出福泽这位日本社会改革家对存在本源所发出的感慨。让我们重新回味一次："我者，今日行今之事者。不仿古施今，则通体将豁然开朗，如天地之一物，心得到自由，可无拘无束。"

（四）独立人民与政府——激进自由主义（radical liberalism）

充实自我的智识，并因为这样的自觉，为自己带来一身的自由。智识可以将人类从无理的拘束、无理的惩戒以及恩惠的束缚中解放出来、得到自由。智识正是独立的源头。然而取得一身的自由与独立后，又该如何面对政权的暴力呢？福泽的描述，让人联想到卢梭的《社会契约论》。卢梭以建构市民契约的自立之人为主体，提出自然社会将往契约社会转变的看法。福泽也以人类借由智能将可获得一身自由与独立一事，论证了在这样的政治社会里，政府与人民之间的关系。他说：

> 世间有胡作非为者，以道理示之，而无法以理服之时，应结合众庶之力制裁之。若能以理制暴，则可推翻来自暴力的名目。无论是政府或人民，仅能在名目、职业上相

异，不应有地位尊卑之别。（174 页）

关于政府与人民的关系，若叩问文明人之心，应可得到如下回答：国君亦是凡人，只因偶然的诞生而及于君长之位，或在一时之争战中得胜而居于政府之首。所谓代议士者，由吾人选出之臣仆也，何需服从其命令，改变一己之德义品行？政府者，政府也；我则我也。一身之私，一毫之事，岂容政府置喙？反之，兵备刑典惩恶之法，于我辈乃无用之事，为此缴税应非我辈之责，然处于众恶之世，与之杂居，遂不得不姑且缴税，以求制恶。政府却应用于办理宗教学校、议定农工商之法，甚至插手日常家计，直接教导我辈劝善营生之道。出资者，非等闲也，无须卑躬屈膝于人，或受人之托而为善。自己出资，却求无智之人指引营生之道，甚不可行也？（175 页）

福泽在此提出了政府与人民关系对等的要求。他认为政府纵使负责执行公权力，但在与人民的关系上，并不因职务执掌而有上下之别。他主张人民有贯彻私权的自由，认为必须避免政府以法规来干涉人民营业这类过度介入日常生活的行为，或者以公权力介入宗教道德与学校教育的行为。因此他指出"无须卑躬屈膝仰赖他人，或受人之托为善"。

福泽的文字，勾勒了一个人民已然文明化之后所建构的政治社会。然而我们注意到，他强调的是，面对获得自由与独立的人民时，政府行使公权力的范围，应受到彻底的制约。作为文明化社会的政府，"并非制止世间之恶的工具，而是能令事物循序而进，省其时并减其无益之劳的机构"。（177 页）这一段话，清楚地说明了福泽的"激进自由主义"思想。即便经历了明治维新的改革，在日本这个依旧以公权力为重的社会里，福泽的文明论依然可以说是激进的。也许他的初衷，并非企求政治上激进自由主义社会的实现，但他始终与明治政府的公权力保持一定距离，背后显然受到这个激进的自由主义思维的支持。[①]

（五）情谊的社会与规制的社会

福泽使民智所当行的社会与专务德义的社会相对抗，并进行了类型化的论述。他把专务德义的社会，视为以家族共同体为原型的情谊社会，并进行重构。欧洲的法哲学家以家族的解体为前提，论述市民社会的成立，但是福泽却以情谊社会作为法律所规制的近代社会之对立型态，来描述情谊社会中的家族样貌：

> 夫妇亲子为一家，称之为家族。家族之间，以情相交，物无常主、取予无则。失不足惜，得不足悦，不咎于无礼，不耻于拙劣。妻以夫之悦为乐、以夫之苦为患，或薄己厚他，以他人之足而倍感心慊。譬如，爱子受病苦，天下之父母必盼代之受苦，减其痛，或舍己之健康而救之。概而言之，家族之间，不存徇私之心，不存虚饰之心，亦不存贪生保命之心。故而家族之交谊，无须规则约制，亦无须智术策略。智能之事，仅用于整理家族系谱，一家之交谊，

---

① 对《文明论概略》本章的理解完全失去焦点的丸山，并没有读出福泽在此引文中所表达的激进自由主义，即福泽的思想立场。

专依德义之理，尽风俗之美，可也。（179 页）

人们在未考虑损益时，会自然地牺牲自我，成全家人。无须仰赖规则，却总能依循秩序而运作，的确是家族的人际关系里才可能发生的事。唯有家族间才能完全仰赖德义而运作。君臣关系经常被比拟为亲子、家族般的情谊。如福泽所言："世间有君臣者，其交际如家族骨肉般，共艰同苦，生死与共，构成君臣关系既纯且精之极致，甚至有为君而杀害亲子兄弟者。"（180 页）世间把这一类行为归因为"全出自君臣间的交情"。然而福泽反驳道："君臣关系初成，人数稀少，如北条早云与其家臣六人，仗剑东来，交情必厚比亲子兄弟。"然而当北条早云领有一国，臣子之数众多时，君臣之交依然如初乎？臣子若为家臣、成为"党羽"，自然会倾一己之力守护君家。武士期保有一世之功名而粉身碎骨，则未必因与国君"生死相许"，而可能是受"时代风气"影响的结果。福泽认为，亲子关系由彼此间强烈的情谊所维系，君臣间的忠诚美德则受"人类与生俱来的党同之心以及流行的风尚"所左右。在明治日本号召"忠孝一本"的道德理念来构筑天皇制国家之际，他再三说明君臣关系的突然样态，并对此保持强烈的警戒。

德义必须在如家族般奠基于情谊关系的基础上才可能发生。但我们是否能由家族这个好的情谊关系，来设想近代社会或近代国家的建立呢？所谓家族的关系里头，蕴含着一种预想，即成员之间不曾因私人权利或私人财产而产生冲突或纠纷。冲突与纠纷产生时，就是家族解体的时候，例如家族经常因遗产权等纠纷而瓦解。欲解决家族内的纷争，必须寻求超乎家族之上的组织——如国家、社会，来订定规则，也就是法律。这是近代社会的实况。因此近代社会和国家无法由家族延伸而成，而只能通过成员之间的协议，或所设定的规则来运行。

福泽又指出："能够充分实现德义、毫不妨害其实现的场所，仅在家族之中。一旦步出家族的场域，则德义将无法发挥力量。"（182 页）跨出家族关系之外，而欲施行德义的话，就是另一个世界了——也就是实行规则的世界。那么，规则又是以什么样的社会为前提所设置的呢？福泽说：

> 德义本应行于亲情所在之处，而不应于规则内实行。就规则的功用而言，虽可成就情爱之事，但就其施行的样态而言，却与德义恰恰相反，仿佛水火不相容。再者，规则之中又可区分为二：一是以整理事物顺序为目的之规则，二是以防范人类恶劣行为为目的之规则，触犯前者称为过失，触犯后者在于恶念。（183 页）

德义与规则是相反的。德义通行之处，则规则行不通。规则通行的世界，则德义行不通。福泽认为，德义受到完全尊重的场域，在于"野蛮不文之世"。相对于此，能够尊重规则的场域，就是脱离野蛮而步入文明的社会。他进一步比对两者的特质，指出野蛮世界是安稳的，文明世界则是繁忙多扰的；规则用以维护繁忙多扰世界之秩序，保护社会免受恶人侵犯。接着，福泽将注意力转至规则的第二义，即"防范人类的恶劣行为"。他说：

> 如今处处可见借据、合约、政府之法律、各国间之条约、民法刑法等等，有不少以整理事物顺序为目的。但一

旦询及其用处时，终究还是被当作防范恶行的工具。所有规则的主旨，都以利害为表里，并列以示人，由当事人按照己意作出选择。例如盗取千两金钱，则需受惩役十年；违约延期十日，则需赔偿金额百两。将千两金与十年惩役、百两赔偿金与违约十日等两方利害并举并列，人之私心原本倾向取己之方便，德义之精神因此荡然无存。其状仿佛以食物示之饥犬饿猫，又挥舞棍棒，食之则威吓之。（184 页）

日本向近代先进国家迈进时，社会表现出尽是规则与法律的样貌。这些法律与规则，都具备"防御恶习之工具"的性质。由法律与规则所构造的世界，似乎是个"恶人齐聚，毫不见德义痕迹"的世界，因此仅能"依照无情的规则，维护事物运行顺序"。（186 页）换言之，相对于由德义所建构的世界，法律的世界恰好是个负面形象。福泽在描述这个负面形象时指出"把时代推向文明的工具，除规则外别无他法"。为了维护和推动人类在社会中的正当活动，就必须借由法律与规则这个"防御恶习之工具"。文明社会是变化多端、错综复杂的，因此容易招致恶行的复杂化吧！相应于此，规则也必须复杂化。但是，一个有规则的社会逐步扩大之际，社会公义（正义观）也必须随之扩大。通过"规则社会"这条路径而实现的文明社会，应是个社会公正、社会正义已经确立的社会。因此福泽说，在西洋世界出现的"新的诚实"，就是一种遵守规则的诚实。他说："完全诚实地遵守商业规则。只有遵守规则，交易才能进行，如此应有助于文明的进步。"（190 页）最后，福泽描绘出法律与规则密切结合之后，所呈现的进步世界之样貌：

　　举其进步之一二例言之。譬如因严守法律，而令国家少冤少罪；因明确订立商法，而增加人为的便利性；因导入公司法，而成就大企业；因善用租税法，而减少丧失私有物。虽然兵法益精，可能练成杀人之术，但也可能因此减少人命之灾；虽然万国公法中大抵回避此例，却过多地宽容了杀戮，庶民会议可试图平衡政府过强之态势，通过著作或媒体报道来防御更大的暴行。近日有闻万国公会将于比利时首府设立，谋全世界之和平法。以上皆是规则愈精密则涵盖愈广，于是能借之而实行大德之例。（190—191页）

《文明论概略》第三部

十一、日本文明的批判——权力失衡的社会及其意识形态

精读十一：第九章《日本文明的由来》

（一）西洋——日本的比较社会论

福泽以教会与世俗权力的关系以及王室与人民的关系为轴心，阐述至法国大革命为止的西洋历史，并称之为"西洋文明的由来"（第八章）。第八章描述的理想型西方式文明社会，乃是进入第九章的前提和对照。引出以"日本文明的由来"为名的、以批判性的角度所勾勒的日本前近代社会样貌。福泽在第九章之初，先概括了第八章的要旨，作为引言，我引述如下。至于我个人对第八章的解读，暂且搁下不论吧！

> 西洋文明论述人际关系时，起初有数种说法并立，但立论渐趋接近，最后合而为一，其中含有自由精神。这就好像将金、银、铜、铁等诸元素熔解为一炉，便不再是原本的金、银、铜、铁，而出现了新的混合物，各种元素自行混融，又彼此撑持，以保持全体的完整。（207页）

福泽认为西洋社会在近代，有各异的立场存在——政府的立

场、人民的立场、教会的立场、实业家的立场——既维持自立性，又混融为一。政府、人民与实业家混合于一国之内，但并未出现国家专属于政府的思维。这样一种理想型西洋近代文明社会的出现，促使福泽起而对日本文明社会（西洋近代文明社会的对立形态）展开批判。或许可以说，福泽对前近代日本社会的严厉批判，促使他架构出西洋近代社会的理想形态。在 1945 年战后的日本所盛行的，由日本与西洋的比较社会论发展而出的近代化论，就是以福泽上述理念为基础，由更激进的论述所构成。福泽勾勒了西洋近代文明的社会之后说道："观察我日本的情形，则大异于此"，并指出日本前近代社会与西洋迥异的特质如下：

> 就人际交际而言，日本之文明并不存在固有元素。不论是君主、贵族、宗教、人民等因素，自古已存于国内，各成族群、各家自成己说，诸说无法并立、无法相近，亦无法合一。譬如金、银、铜、铁，无论如何熔解皆无法融合为一。即便勉强使其融合，比例也无法平均。最后必然畸轻畸重，顾此失彼、以一灭他，令其他元素不能显其本色。……此称为事物之偏。（207—208 页）

日本传统的文明社会，也由各种要素所构成，也有君主、贵族、政府、人民、宗教，却无法成为"一块"，无法融合为一，进而形成了唯有君主、唯有贵族的日本，人民似乎不曾存在。诚然，日本的确曾在国、藩、村、町内，建立具备政治性、社会性的人际关系，但是支配这些关系的，仍旧畸重畸轻，偏向掌权的有力人士。权力的失衡，确实是人类作恶之端。福泽称其为"失衡之祸"。

也因此福泽认为，文明社会中的"政府、人民、学者、官吏，不论其地位如何，若拥有权力，不论其智能如何出众，该权力与名位皆必须受到限制"。（208 页）前文曾提及，近代文明社会以规则的制定为特色，所设下的法律规章，就是为了抑制权力的专制与失衡，并维护人民的自立性。

福泽说："我国文明相较于西洋文明，相异之处，就在于权力之失衡。"

（二）权力失衡的社会

福泽强调，"权力失衡"是源于日本社会结构的特质，它不仅表现在政权关系之中，也渗透于人类社会（人类交际）的各个层面，影响了日本的风气。而人民的性格，是形构文明特性的基础。因此，日本塑造出一种"权力失衡"的文明。他说：

> 让我举实例说明权力失衡的情形。当男女交往时，各自拥有的权力会出现失衡的情形。亲子互动时，亲子各自拥有的权力也会发生失衡的情形。在兄弟往来时如此，在长幼交往时也如此。步出家门，会发现社会上也有许多相同的情形。不论是师弟主从、贫富贵贱、新参故参、本家末家，人际之间常见权力失衡的现象。若进一步就人类或种族的形成来观察，封建时期有大藩与小藩，寺庙有本山与末寺，神宫有本屿末寺，一旦人际间发生往来，权力失衡的情形必随之出现。（209—210 页）

接着，他进一步描述政治支配关系及政治机构中权力失衡的情形。他指出权力不均的弊端，已经渗透到明治的国家社会之中，为这个正在确立全新的政权体制的国家，带来与前朝同样的灾祸。他说：

况且，在政府机构里官阶越高，失衡的情形越甚。政府官吏面对平民作威作福，看似颇有权力，然而当他们处身政府机构之内，受到上级百般压抑，远较平民面对官吏时的压抑为甚。譬如地方小史在召集村长论事时，其态度傲慢令人厌恶，然而当其接待长官时，其巴结逢迎的模样亦复可怜可笑。村长们遭逢小吏无情叱责固然引人怜悯，他们返回村落后无理斥责村民的模样也同样可恶。（210页）

福泽在此所描述的现象，容易让人联想到位居日本统治机构各个位置的人如何狐假虎威、不断对下位者施加压力的景况，也让人联想到丸山真男把日本视为军国主义的权力机构，所进行的关于压抑转移的分析。丸山在《超国家主义之论理与心理》中指出，日本作为军国主义国家，其权力机构里上级对下级所作的权力性压抑的转移，是能够让权力机构全体成员取得心理平衡的一种心理机制。[①] 丸山从军国主义国家日本的权力机构中，发掘出这种压抑转移机制，并视为现代日本继承封建社会而得来的最大遗产。的确，丸

[①] 丸山真男：《超国家主义之论理与心理》，《现代政治之思想与行动》（东京：未来社，1964年）。

山在此对日本权力机构的分析，是由福泽的"权力失衡"论推衍出来的，这一论断，也是福泽对所谓"亲者之敌"（《福翁自传》）的封建社会进行解构式批判时形成的。[①] 不过，福泽在这里是把日本封建社会遗习的权力失衡状况，在整个日本历史乃至日本社会由极大到极小的各个层面所起的支配作用作了结构性重构。他指出，权力失衡的不单是政府，而且已经扩大为"人民的风习"。他说：

> 日本在权力上出现失衡的现象，已经普及到人际关系之中，无所不在。本书第二章曾论及一国人民的风习。权力失衡，也成了人民的风习之一。当今学者在探讨权力时，仅把政府与人民对立起来，或谴责政府的专制、或咎责于人民的跋扈。但若仔细探究事实，将发现这样的失衡早已遍及日常生活的各种关系之中了，不问大小、不论公私，只要涉及人际来往，就无法避免权力失衡的情况。
>
> 如果要形容此现象，就好像日本国内有千百个天平，其天平不论大小，悉皆偏向一方，失去平衡……（208—209页）

如果说"权力失衡"是日本社会构造的痼疾，那么，在这个基础上所形成的文明，必定是被这些在权力上薄厚不均的人民及风习所奠定的。题为"日本文明的由来"的这一章从历史的角度探究权

[①] 丸山在提出"压抑的转移"时，也同时指出"可以说这才是近代日本承自封建社会最大的遗产之一。福泽谕吉用'开天辟地之初，即实施于该国的人际关系之定则'来说明权力之失衡，可谓巧妙地解释了这个现象"。

力偏重的日本文明的成因，并指出日本的历史仅是单一的政府史，对此进行了历史批判，且进一步地追究了日本的学术与日本文明形成的原因，描述了日本的学术如何在日本政府的权力格局中形成。"日本文明的由来"这一章，可说是主张从根本上建立新文明国日本的福泽文明论中不可或缺的对日本文明的激烈批判。

（三）日本文明只有两种元素

福泽指出："恣意擅权且厚此薄彼的，绝不只有政府而已，这已成了全国人民的风习。如果这样的风习，成了区分西方及我国的显著标志，那么此刻便是我们应当探究其成因的时候了。"（212页）他开始对日本国家社会的成立史进行追溯。他说："若按历史之叙述，神武天皇系自西方起师"，其后成了一众人民的统理者。统治关系的确定，表示天皇一派的政府、也就是朝廷的出现。如此一来，日本便产生了统治者与被统治者的区别。福泽说：

> 政府体制一旦成立，府内的人便成为统治者、人民成为被统治者。于是产生治者与被治者之间的区别，治者居于上位、主位、内部，被治者居于下位、客位、外部。上下主客内外之别便清楚可见了。（213页）

人类社会一旦建立政府，则社会中便出现统治与被统治之别。然而在日本，这样的区别成了"上下、主客、内外"这种截然二分的景况。他说：

这样的二分法，成为日本的人际关系中最显著的标志，也恰好可称为我文明之二元素。虽然古往今来，曾交流之种族不知凡几，结果仍可归结于此二元素，无一例外，皆无法独立且保有自家本色。（213页）

福泽指出，自天皇政府、朝廷确立之后，日本社会就被明确区分为治者与被治者，"上下、主客、内外"有严苛的区隔，仿佛日本文明只存在二元对立的元素一般。不论是宗教、学问还是商业往来，日本社会各阶层浸润在这样的关系之中，不曾发展出此二元素之外能确保自立性的元素。虽然日本古代社会的"养蚕造船之术、织缝耕作之机械、医儒佛法之书"等文明诸条件，有些由朝鲜传入，有些是自己的发明，因此"人们的生活方式日渐丰富"。然而，"实行此文明诸条件之权力，悉由政府一手包揽，人民仅能服从其指挥"。不仅如此，"全国之土地，乃至于人民之身体，都不得不归属于王室私有"。依照这样的情况来看，福泽断言："被治者已无异于治者的奴隶。"（214页）

但是武家的兴盛，为天皇朝廷支配下的"统治者－被统治者"的关系带来了变化吗？对成立于镰仓的武家政权撼动朝廷统治的一元性这点，福泽曾经就其给文明化所带来的意义给予积极的评价（本书精读三）。但是他也指出，武家政权的成立，丝毫没有动摇日本社会中"统治者－被统治者"的"上下主客"关系。他说：

源平既起，天下之权归于武家。自此而后，或可平均王室与权力，人际交往之状似应可为之而变，实情却非如此。不论源平或王室，皆为统治者，国权归于武家，也仅

是由治者之此移转往彼，乃权力的移转而已。治者与被治
者的关系，依然呈现上下主客之势，与往昔毫无相异之处。
（214—215 页）

接着福泽进一步指出，武家的兴盛，不只是将国权揽在自己身
上而已。武家的兴盛是兵农分离政策所导致的结果，使得"人民中
的富且强者，施展武力保护弱小，而贫且弱者，则勤勉务农，供给
武家，如是则贫弱者愈贫弱、富强者益富强，治者与被治者的分界
更加明显，权力偏重的情形也愈显剧烈"。（215 页）

新井白石在《读史余论》中，论述"天下大势，九变之后由武
家起而代之，武家之世，五变后及于德川一代"。但是天下大势果
真产生过变化吗？白石仅观察政权交替，就认之为变化。福泽却认
为白石的大势变化说的主张，"只看到日本政权几经轮替的情况"，
更指出"至今所有的日本历史典籍，如说书人讲述战争故事一般，
大抵只是在追究王室之系谱，或论述君相有司之得失，或记载战争
成败之经纬，或记录说书人的军武杂谈，几乎不超出这些范围"。
福泽的批评，涉及日本历史的记述、史谈、史论的内容，也否决了
白石"天下之势变"的说法，强调绝非天下大势产生了变化。他断
言："天下之势早于王代时期已确定，治者与被治者截然二分，进
而及于兵农阶级，其分界与时俱进而愈形显著，直至今日也不曾有
过任何改变。"（217 页）

（四）日本无国民

即便日本政治史上曾有过政权交替，但治者与被治者之间的

权力失衡情况一如既往。福泽认为："这就好像是在治者与被治者间，筑起一道高大的墙，阻绝了双方的通路。"将治者与被治者彼此隔绝，偏重一方权力的做法，正是日本文明的特质所在。他说：

> 不论是有形的腕力还是无形的智德，不论是学问还是宗教，皆为治者一派所有，其党羽之间相互依存并各自拓展其权力，财富因此集中，才能也因此集中，荣辱集于此，廉耻亦集于此。治者独占上流地位，控制下民，治乱兴废，文明进退，悉皆治者所知。被治者之心思与此毫无关涉，如同路人，淡漠而观。（219 页）

福泽认为日本的被统治者——人民——有如旁观者或观众般，对国家的治乱兴亡漠不关心。这并非日本人民主动的选择，而是因为他们被置于旁观者的位置，无法过问国家兴亡之事。福泽接着举国家之间的战争为例，来论述此事。然而从战争的角度来对比日本人民与西洋人民，并不恰当。人民以国民的身份卷入战争，已经是欧洲形成近代国民国家之后的事情，拿破仑发动席卷欧洲的战争，催生出了爱国的法国人。在日本，不论是武家以争夺政权为目的而发动的战争，还是战国大名之间发生的战争，人民只是单纯的被害者身份。理论上把近代战争与古代、中世的战争并列而观，讨论人民的存在或不存在是不可能的，但是福泽在比较两者之后，竟然还是提出日本的战争里人民不存在的看法。像这样论点不够严密的古今战争对比论，其实可以理解为福泽试图通过两者的对比，凸显"国民"（nation）形成的问题，故不得不做此设问。让我们先来看看福泽的战争对比论。

> 举例来说，日本自古就有战争。如甲越合战或关原合
> 战，听其名似乎是两派互相敌对的战争，但实际上绝非如
> 此。这只是两方武士与武士之间的纠纷，与人民无关。敌
> 国的原意，指的是全国人民群起与之为敌，即使不能亲自
> 操戈赴战，心里也一定祈求吾胜敌败。不论何事何地，任
> 何细枝末节都不会忘记敌我之分，才可谓真正敌对的双方。
> 人民的报国心由是而起。然而，吾国古来的争战却不然，
> 总是发生于武士与武士之间，而非人民与人民之间。是家
> 与家之间的争夺，而非国与国之间的争夺。一旦两家武士
> 开启战端，人民有如旁观者，无所谓敌方我方，只是一心
> 对强者怀着恐惧。（219—220 页）

福泽认为当时丰臣氏、德川氏消灭北条氏后，关八州归于德川
氏之手，但是关八州的人民对于北条与丰臣之争仅仅旁观，非德川
的敌人，也非其同伙。所言为是。在丰臣氏、德川氏欲一统天下的
过程中，人民在其争战里始终既非敌方亦非我方。然而福泽举此例
所欲警告的是，当前的日本正处于建立近代化国家的关键时刻，日
本人民却依旧是国家大事的旁观者，这样妥当吗？若人民只能当个
旁观者，则意味着人民与国家并非一体。反过来说，意味着唯有政
府才是国家。福泽认为，一直以来日本历史上就只有政府存在。因
此福泽才会提出"日本有政府而无国民（nation）"（220—221 页，
标记为笔者所加）的说法。唯有政府和人民合而为一个国家，人民

才为国民。这就是福泽已经在《劝学篇》中所提出的主张。① 那么就让我们根据《劝学篇》，来再次确认福泽的意思吧！福泽在《文明论概略》一书里，论述权力偏重于治者一身的特性，而在《劝学篇》一书里，则从权力偏重于"官"的角度来论述，并提出纠正。他说：

> 学校须官许，说教也须官许。牧牛须官许，养蚕亦须官许。凡民间事业十有七八皆与官府有关。是以世人之心益靡，慕官倚官、恐官谄官，丝毫不发独立之丹心，其丑态令人不忍卒睹。②

他认为眼前展现的是一个只有"官"的世界，"民"是不存在的。"民"要能存在，必须是人民与政府同心，以国家为一体，并获得独立的存在性。在此意义上人民就才是国民。因此福泽说："日本有政府而无国民。"人民成为国民时，是怎样的状况呢？让我们引用《劝学篇》中福泽的阐释：

> 政府乃日本的政府，人民乃日本的人民。若政府能知可亲不可恐、可亲不可疑的道理，则人民也渐能辨明所欲前进的方向。上下区隔的传统风气将逐渐消失，因而能孕

---

① 就像"过去我曾经提出日本有政府而无国民（nation）的说法，即为此意"的记述般，《文明论概略》一再重述《劝学篇》的内容。这段话出自《劝学篇》第四编（明治七年一月版）。

② 《劝学篇》四编（东京：岩波书店）。

育真正的日本国民，他们不再屈居为政府的玩物，于是能刺激政府。学术以下三者悉皆归其所自有，国民之力与政府之力互相抗衡，便可以维持全国的独立。

一旦"能刺激政府"，人民就不再是政府的玩物，而能成为推动政府的力量吧！所谓的"学术以下三者"是指学术、商业、法律三者，非政府所有，应当各自独立，成为国家的一部分。当参照《劝学篇》的上述叙述后，我们当可以明白，福泽是在希望能构造"国民"的强烈渴望下，提笔撰写"日本文明的由来"的。当日本人民成为国民后，也就代表着日本作为国民国家的成立，这也是以先进文明国家为典范而进行的文明化。就当时的东亚国际环境而言，他要推动的是日本一国的文明化，而国家文明化——国民国家的形成——也是维持国家独立的紧要课题。他这样的观点，后来发展为《文明论概略》的最终章《论本国之独立》。

不过，在阅读最终章前，我们还应该继续阅读福泽激烈的"日本文明批判"。

（五）日本之意识形态批判

福泽在前文指出，权力偏重是日本人的风习，也是日本社会中的痼疾。他说，风习就是积习成风，更指出风习也可以说是耽溺于旧习。如果想要改变社会风气，就势必舍去习惯或耽溺吧！至于要怎么做，福泽的答案就在《文明论概略》中，我想，排除旧习，该是福泽执笔写作《文明论概略》的主要原因吧！

《文明论概略》首先交代了文明世界的范型，接着把时人的社会与意识，放在开放的世界中自我剖析。此外，他认为积久所成之风习或耽溺而造成的非文明的思想态度必须改变，而做出改变就是文明化的第一战略。也因此《文明论概略》中便对这些耽溺于旧式意识形态的学者——如儒学者及皇学者一派的国体论——提出激烈的批判。《文明论概略》第九章指出，若不革除权力失衡的风习，就不会有国民的出现，也无法促成一国的独立。接着他就宗教、学问领域中权力失衡的意识形态，展开全面性的批判。

例如，关于佛教，福泽提出了下列看法：

> 虽言佛教兴盛，却悉受政权控制，遍照十方世界的，并非佛法之光明，而是政权之威光。
>
> 佛法只是文盲世界的工具，为了安抚最愚最陋者之心。其他便无任何功用，也不惧任何势力。
>
> 直至近日，政府颁布许可全国僧侣食肉及结褵之令。据此令，则古来僧侣不食肉不近妇人之旨，已毋需信守，亦毋需因未得政府许可而自我禁欲。可见僧侣只是政府的奴隶，日本国内已无宗教可言。（226 页）

他对于汉学者的批评更加严厉：

> 我国的学问即治者之学问，怎么说都是政府的一部分而已。试想，德川之治世二百五十年间，国内可称为学校者，不是隶属于幕府，就是隶属于诸藩。（228—229 页）
>
> 教导政府擅权专制者是谁？即便政府原本的性质就存在专制的元素，但帮助这个元素起作用，并且扩大其作用

的，就是汉学者流的学问也。自古以来，日本的儒者系最具才力及能力之人，但他们同时也是最擅于专制、最为政府重用之人。

呜呼！当今之日本人，无人不是人之子孙。如今专制横行，世人遭专制折磨，此罪似乎不应咎责于今人，而必须往远古遗传之毒追究。助长此遗毒传播者非他，正是汉儒先生也。（231 页）

在福泽上述极为严厉的批评中，要举出他举证错误的例子并不难。然而，与其举证他的错误，我们更应当去深究那驱动福泽不得不提出这些严厉批评的原因，即当时呈现在他眼前的社会现况。他说："专制横行，世人遭专制折磨，此罪似乎不应咎责于今人，而必须往远古遗传之毒追究。"所谓的专制、所谓的权力失衡等等古来遗毒，正是明治国家所必须面对的问题。这是促使福泽对日本文明进行如此严厉批判的主因。

十二、一国的独立与文明化——后进国的文明化论

精读十二：第十章《论我国之独立》

（一）独立是日本目前的课题

福泽曾经在《文明论概略》序言里说："当今欧洲文明，可谓已发挥人民之智，而得以到达文明顶端之位。故而世界诸国，不论其状态是野蛮还是半开发，若欲谋求国家文明之进步，皆须以欧洲文明为目标，拟订议论之出发点，并以此为基准，衡量事物之利害得失。"（29页）福泽认为，以欧洲既有文明为目标，来实现本国的文明化，应为新生日本的国家课题，并且须在这个课题的基础上，权衡相关议论的本末轻重。福泽站在这样的立场，通过非文明社会、野蛮社会的对比，论述文明社会的样态以及文明社会与政体之关系，同时他还探讨了将社会导上文明之路的历史性动因，讨论了因传统的道德支配社会之解体而导致的文明的智力至上社会的成立。他批判了权力失衡的日本文明，对日本无国民之现状提出责难。然后，他还以"论我国之独立"作为《文明论概略》最后一章的标题，强调日本当今责无旁贷的课题就是"独立"。日本受到欧美先进文明国的外来压力而开国，走上了新生文明国家之路，考虑了日本所面临的国际条件后，福泽这

么说：

> 日本该从何着手呢？说穿了，就是订定目标，勇往直前，迈向文明。文明之目的为何？就是明内外之别，维护国家之独立。维持独立之法，不可求于文明之外。（297页）

> 以国家的独立为目的，以吾国当前之文明，作为达成此目的之手段。"当前"二字，有其特殊之义，学者切勿等闲视之。（300—301页）

福泽认为日本的当务之急就是独立，而文明是通往独立的手段。福泽在此前素以西洋文明为目的，难道他在此改变了过去的信念？在上述引文中，福泽流露了一种用字遣词的审慎，我们亦当审慎待之。"吾国当前之文明……"福泽指出，不可以忽视"当前"两字的限定意义。推动文明，是日本在本质上的课题，当它变成目的时，本质依然是不变的。福泽在此想向读者提出的，是处身于欧美先进文明诸国环伺之下，身为后进国的日本应如何文明化的问题，是面对严苛的现实所提出的"后进国文明化论"，并且塑造为"论我国之独立"的形态予以提示。他以此作为《文明论概略》的终章。

（二）日本当前的文明化

日本当前是怎样的状况呢？日本在维新之后，脱离封建体制，并企图以近代国家的身份，跻身西洋先进诸国之列。欲跻身其中，则须以西洋先进文明国家为典范，让自己的国家进一步文明化。然而，日本所欲仿效的近代文明，是欧美各国通过各自的富国强兵及强有力的民族国家之建构，以展现国力的形式所实现的近代文明。它们通商贸易的规模已扩展到全世界，它们所经营的殖民地也日益扩大，这对于增强欧美先进各国的国家实力，是必要的基础、加分的条件，并且是最能够对外证明自己国家实力（军事实力）的方式。文明正是以"力量"的形态展现在后进国家眼前的。对于日本而言，眼见欧美先进各国以"国力"的方式展示着文明的同时，也正通过"维新"这个媒介，向世界宣告着日本将迈向近代国家的信念。福泽在《文明论概略》最后一章写道：

> 我们不得不承认日本的文明落后于西洋文明。文明既有先后之别，则先一步文明者将压制后一步文明者，后一步文明者将被先一步文明者压制。此为顺理成章之事。过去我国闭关自守，人民对西洋各国的存在漠然无所知，如今既然知其存在，进一步领略其文明，则将通过彼我之比较，知其先后之别，便将明白吾国文明无法与其匹敌，了然文明之后进者为先进者所制之理。至此时，则人民所念兹在兹者，无非是如何求得国家之独立。（263 页）

日本见识到西方力量的同时，也进行着维新变革，并理解了文明之先进、后进之别。然而，文明里所谓的"先进国"与"后进国"，是如何区别的呢？后进国只要以先进文明国为典范，只要不断地向前追赶，就能大功告成？福泽认为，文明中的先后之别，就是先者压制后者。所谓后进国的文明化、近代化就是置身于先进国的规制之下。后进国的文明化，在以西方文明为典范一事上，意味着是被强加的；西方文明首先被当作西洋先进文明国的国家体制，更作为各国通行的体制而获得实现。况且，对后进国来说，与武力相伴随的先进国的出现，使得自己的存在随时可能受到威胁。殖民地印度的事例，就为后进文明国敲响了警钟。因此福泽在意识到前述文明论式的世界现状后，将"当前的日本"定义为"当前作为后进文明化国家的日本"。对于正以后进国之姿、努力朝文明化的目标迈进的日本而言，"独立"才是其主要目的。因此福泽指出，就"我国文明的程度而言，此刻处于应专注于独立的阶段"。(264 页)[1]

---

[1]　在我看来，丸山的《读〈文明论概略〉》中、下篇，除了可对照基佐与巴克尔的论述外，并无应予参考的积极价值。当然丸山也并未将《文明论概略》的末章视为"后进国文明化论"来阅读。丸山一心想从中读取福泽的主张与思维之强韧性，却没能理解福泽的文明论由亚洲国际环境的立场展开论述一事所具备的意义。丸山读毕此章时，提出以下看法："在《文明论概略》一书中，较罕见地直接流露出对西方列强之霸权的愤怒，历历可见于本章之中。然而，关于我国独立这个最大的课题，他在心理上并未因之狂热，只是开场白时言之为'琐碎之一条'，显出一种自我控制。他在本章作出令人钦佩的回馈，那是对日本人而言十分珍贵的强韧精神，也是我们阅读末章时需特别留意之处。"(《读〈文明论概略〉》下，206—207 页)

（三）休憩中的人民

日本完成维新的改革后，逐渐迈向新兴国家之列，但是当时的日本所面对的国际环境，其实并不容许掉以轻心。福泽却说："（当前的日本）人民如同卸下承自先祖而来的重担，也不打算担起其他负荷，仿佛一个在休息的人。"（266—267页）维新的改革，的确解除了人民身上的封建枷锁，让人们的生活回归常轨。他说：

> 概言之，如今不论上下贵贱，皆喜形于色，除贫穷外，并无困窘身心之事。战死损己、讨敌亦空，出师有危、切腹则痛。故而人们不论为学或出仕，皆以钱财为尚，有钱则可坐享其成，钱之所向，天下无敌，仿佛品性亦能以金钱衡定。比较过往之困乏，而今岂不是更为轻松悠闲了？故言，今人民已卸下重担，进入休息的状态。（267页）

福泽以相当戏剧化的笔调，描述了日本由一个重视君臣上下义理的社会，转变为唯金钱是瞻的社会之过程。他也形容日本人民现在的样子，就好像卸下长久以来的重担后，松了一口气，呈现休息的状态。他认为人民在此时休息，并非不合理，但是"吾国当今之状，绝非太平无事，且相较以往，处境更为困难"。有识之士应当也留意到了，他们明白此刻非人民喘息之时，于是"力图引导人心以追求有为。学者遂设立学校，教育人民；译者遂移译西文书，刊布于世；政府与人民皆致力于文学技艺之学习"。然而福泽认为，即使有这些努力，却"仍不见人民的品行上有显著提高"。他究竟期待人民的品行产生什么样的变化呢？

> 寄情于学艺者，所务之业并非不繁忙，而问其是否秉持一片丹心，怀抱即使抛却个人性命也要从事学艺之重大觉悟，则仿佛忘其所以一般，总未有任何挂怀。不得不承认，众人皆自足于安乐世界。[①]（268 页）

字里行间，福泽的期待显而易见，他谈论的是人民由休憩状态中觉醒时，应如何进行自我变革。他冀望人民可以成为有能力担负公共事务的国民。后进国日本实现文明化迫切所需的吃紧的课题是一国之独立，为此，福泽将赌注放在人民的独立上，亦即国民的形成之上。一旦人民的独立成为文明的重要关键，那么一国是否能够独立，就有赖该国的文明化程度了。因此福泽在最后一章指出："所谓国家独立，所谓国家之文明，指的是该国人民团结一致，自行保护国家、自行保全国家的权利与尊严。"（292 页）或者就像前面所叙述的："维持独立之法，不可求于文明之外。"

---

① 丸山并没有理解、或是说没能读取福泽在这段话中欲向人民传达的文明论信息。福泽很少使用心理性、精神内在性的描述语辞，因此对于福泽提到"抛弃私有、抛弃生命"之"重大觉悟"时，丸山选择以教养主义的高度，偏离问题核心地指出："对于在幕末时期相当知名的美国独立运动领导者帕特里克·亨利之名言'不自由毋宁死'，福泽也许印象深刻吧！"（《读〈文明论概略〉》下，217 页）

（四）关于国体论·臣民统一论的批判

当人民身为一个全新公共事务的当事人，却丝毫不自觉，仅在乎、计较于利己之事务时，那些因此感受到国家危机者，便开始提出各种救国的理论。首先出面的是皇学者流，他们提出国体论，主张收敛人心，以皇室为重。福泽描述道：

> （皇学者）视今人之所业为浮薄，咎其罪于忘古。更兴大义名分之论，以复其古、修其教，往远古之神代求国体论之证据，企望以此论维系人心。皇学者，此道矣。（268 页）

在福泽的文明论，言及日本文明的未来时，他最担忧的就是国体论述。他认为在展开文明论时，国体论的解构不可避免（请参照本书第四章）。因此他在《文明论概略》的末章，再次提及国体论。福泽指出，日本的第一要务就是让日本人民成为能够确实肩负起日本独立之重担的国民。在这个意义之上，日本便具备了国民国家的资格。然而国体论的学说要点在于强调人民忠于天皇，由统合臣民以建构国家。福泽的文明论始终以批判的立场，看待皇学者一派所抱持的国体论意识形态，这完全正确，这也是我们重读福泽文明论的理由。然而福泽站在"对文明方便"的功

利主义立场 [1]，既非绝对的共和主义者，也非天皇主义者。因此他并不反对明治新政揭橥王政复古之维新，以天皇重返统治核心为前提建构新的国家。问题是，天皇制国家的国民，实际上是由独立的人民所构成的，还是由忠贞的臣民以情感结合所构成的？福泽认为："立君之国，奉尊君主，行政权归属于君主，乃理所当然之事，亦政治上紧要之事。"他认为没有理由反对"君主"这一国家政体，但对皇学者一派的主张提出以下反驳：

> 皇学者流更变本加厉。尊奉君主，却不将信奉之缘由求诸于政治上之得失，反将之归诸人民怀古之至情。此误至极甚，则君主将坐拥虚位而不厌，徒生忘实悦虚之弊。（268—269 页）

福泽批评国体论者避谈天皇制政治之得失，反而急于以天皇唤起人民的怀古之情，正触发了复古的国家主义。所谓"君主将坐拥虚位而不厌"，指的就是皇学者一派的祭政一致之国体论，把君主置于国家的祭祀、道义的中心之意吧！这并不意味着福泽在此时已经预见了如下的事实：此一天皇中心的国家主义衍生出国家神道之意识形态，所形成的天皇制国家主义，很快地席卷了昭和时期的日本。不过，我们必须细致地观察，在日本构筑近代国家之际，福

---

[1] "世上所有的政府，都是为了方便而设置的。如果出现一种能够为国家文明带来方便的模式，那么政府的体裁不管是立君也好共和也好，应不论其名而取其实。"（《文明论概略》第三章，63 页）

泽认为以文明为目标的日本，应抱持哪些危机意识。[1] 日本在形成"天皇－臣民"式的国家之后，又通过井上哲次郎等人对《教育敕语》（明治二十三年，1890）的补充、解释，主张"家族国家观"，进一步得到强化与扩展。然而，福泽认定井上等人所描摹的"天皇－臣民"之情谊关系不可能作为建立国家的基础。他由当时一般民众与皇室之间的疏离，做了如下判断：

> 我国之人民，数百年间不知有天子存在，仅止于口传。虽维新之际一举令政治体裁回归百年前之古式，然王室与人民间并非交情频密，仅限于政治上的关联。以交情疏密而论，人民既受镰仓以来封建君主之牧养，对封建旧君之

---

① 在此我们不免提及福泽晚年的皇室论，即《帝室论》。该文原发表于明治十五年（1882）《时事新报》之社论栏，同年 5 月以单行本形式出版。出版前一年，乃明治十四年的政变，开设国会的诏敕也颁布于此时。面对确立明治国家之过程中如此重大的政治转换期，福泽认为帝室应自外于政治。他说："一旦帝室自外于政治，人民或许怀疑其徒拥虚器。但一如前文所述，帝室不涉万机而统御万机，不直接接触国民形体却凝聚其精神。专制独裁之政体，君主亲理万机，并直接接触人民。而立宪国会之政府，为政者虽维系全国整体之秩序，都缺乏精神之感召，故依赖帝室是必要的。"（《福泽谕吉集》明治文学全集 8，东京：筑摩书房）。由福泽此论可以了解他主张以帝室作为日本人民精神信仰的核心，他的论述也涉及政府究竟应以什么政体来维系全国的政治秩序与法理制度。我们也可以从中理解，福泽的皇室论其实与他的功利主义原则相去不远，即着眼于皇室对文明而言究竟具备怎样的便利性的问题。他主张的皇室论，与天皇制国家观呈现非常明显的对立，因后者主张将天皇完全纳入国家体系，并立于中枢之位。因此他也对皇学者一派的国体观提出以下批评："世间有皇学者流……过分尊崇帝室，将社会百事悉皆归诸帝室，政治细琐微事，亦祈求帝室亲力躬行，仿佛孝子敬爱父母之余，将家事百端千绪交由父母决定，如此反倒使家君失其体面。"

情谊自然比王室来得紧密。虽说普天之下，仅存一君之大
义，此说成立，但就实际而言，也有难行之处。当今之势，
虽说人民忘旧，且逐渐失却思慕封建君主之情，在此往文
明迈进之世，企盼塑造人民爱慕王室之心，如同赤子般，
亦属至难之事。对于现今之人心与文明之样态而言，皆属
不易，可谓几乎难成。(269 页)

与其通过福泽的这段话去解读他的疑惑，不如重新思考近代日
本如何通过国家主义政策与教育政策的彻底实行，强有力地确立了
天皇制国家。在此天皇制国家中，日本人民被熏染为天皇之赤子，
心怀亦忠诚。

（五）基督教与先进国家的现实

福泽认为皇学者所主张的统一人心、建立独立的日本国家之国
体论不适用也不可能。接着，他进一步聚焦于基督教，讨论以宗
教，如基督教，统一人心，以及宗教作为国民统一基础之可能性。
他说：

基督教之论，立基于人之灵魂的安顿，主张实施耶稣
之教，以正人心之非，予人安身立命之位，令众庶归趋于
一，并订定人类所当为之大目的。此说绝非出于轻率。为
了探询此说之本，学者认为可观诸今之人民，百人有百种
目标，政治之见解亦无定说；宗教方面，信神仿佛各有所
好，而未有宗教信仰者，甚而不知人类灵魂之所，遑论

安顿其他。不知天道，则不知父子之伦，亦不知夫妇之伦。忧世忧民者，以现今之状为地狱，欲投身以救之。另一面思以宗教维系人心，众庶之心将可得休憩之所，并扩而大之，普及于政治，则将可能成为一国独立之基础。（271 页）

福泽认为若能以宗教——如基督教——来教化人心、适正人伦、确立社会道德的话，在议论本身并无不妥，对于世界的文明化也将贡献良多。然而，若基督教的影响及于政治层面，并以此为一国独立、国民统一之基础的话，则可能有不同的意见产生，有待进一步检讨。

基督教的传入，是文明后进国用西洋的基准为本国文明定位时，不可避免的问题。然而包含基督教在内的西洋"普遍"文明为亚洲各国所接纳时，仿佛亚洲诸国被迫接收先进国的强势赠礼一般。沃勒斯坦就指出，先进文明国以"普遍性"的文明赠予后进国，就是一种双重束缚（double bind）、让人左右为难的赠品。[1]换言之，对于温顺的接受者而言，这是一份令人屈辱的赠礼，而对于鼓起勇气拒绝此赠礼的人而言，则必须自行负担失败的不利结果。而且当军事上亦是强国的欧美各国带来这样的"普遍性"文明之际，后进国接受该文明的另一面，则关乎国家的存亡。幕末时期，日本受欧美强大的军事力量胁迫而开国，其实就是因为处在这样危险的国际关系内所使然。福泽是一位敏锐地嗅出其危险的文明论者。

---

① 沃勒斯坦：《文明としての世界システム（作为文明的世界秩序）》（收录于丸山胜译《ポストアメリカ》（*Post America*），东京：藤原书店，1991 年）。

　　福泽提问说，如果将日本现正面临的"困难事"当作一种应该忧心的"病症"，应该如何称呼日本的这个"病症"呢？他自己回答道："余辈将此名为国际交流。"（277页）他希望能引导大家意识到，成就日本一国之独立，才是日本文明化的一大前提，因此文明化正是"当前"最重要的课题。我们也能从他的论述中，看到福泽身为"一国文明论者"的本领。所谓的"一国文明论"，是指将一国的独立视为优先课题的后进国文明化论。在这一段论述里，福泽身为"一国文明论者"，则通过普遍主义的宗教——基督教——是否能被接纳的问题，引导读者思索后进国在文明化的过程中时时面临着存亡危机之国际处境。问题是，具备"普遍性"文明价值之西洋先进文明国，作为近代的主权国家，领土有限，都积极主张本国的支配范围与支配权益。当它们欲行使国家主权时，往往必须通过对外战争来彰显。福泽说：

　　　　原本耶稣宗教以永恒无穷为目的，企望永恒的幸福安全，而祸患疾苦亦永远相随。他们恐惧未来的惩罚，更甚于恐惧今生的惩罚；重视来生的审判，更甚于今生的审判。结果便区分了今之此世与未来之彼世。此说极其宏大，与其他学问全然异趣。基督教常言：一视同仁、四海兄弟。地球之人仿佛一家之人，地球之民有如兄弟，其相交之情，应无厚薄之别。四海既如一家，又何须于一家之内作出区隔？（272页）

　　福泽将基督教视为阐扬"众生平等"之福音的宗教，认为基督教是拥有普世文明的世界性宗教，同时直言现今基督教国家——欧美国家——已经偏离了普世福音的基本教义。这样的指摘，其实也是为了指引人们意识到后进国在文明化的路途上所面临的严峻国际环境。他说：

> 然而，今之地球被区分为几区，每一区域再设下国界，人民在各国界内结成集团，称为一国人民。只为谋求集团之利设置政府，甚者携带凶器杀戮界外之兄弟，掠夺界外之地，争夺商业之利益。如此之类绝非宗教之旨意。见此恶业，来世之制裁姑且不论，今世之裁判亦有失察。实为耶稣之罪人！（272—273页）

福泽认为，基督教义原本主张普世福音，欧美基督教国家却自行划定边界，为求国内安定而与国外为敌，掌控偏远地区，企图获得利益，并为了获取利益而彼此交战。这一基督教国家的现实，与其说违背了基督教的宗旨，倒不如用"耶稣的罪人"来形容更贴切。所谓西洋的普遍性基督教文明，却为"耶稣之罪人"之近代主权国家所主导。接纳西洋近代文明，其实就是以后进国的身份，让自己置身在这些"耶稣之罪人"的国际关系之中。所谓的接受文明，对后进国来说，等同于接受将国家导至存亡之危机状态。

福泽并没有将基督教、西洋文明与欧美国家的现实切割而观。他将欧美国家对本国的存亡有所威胁的事实摆在面前，仍然以西洋作为本国文明化的理想路向。这就是时代赋予福泽的新观点吧！

（六）近代国家与战争

可以知道福泽谕吉在这里将后进国日本置于一个由先进诸国所领导的国际社会之中。这个国际社会，是由"买卖"与"战争"两个信条所建构的世界。他说：

> 观之世界之景况，无处不建国，建国而无不有政府。政府若善于保民，则人民勤于商贾；政府若时时征战，而人民能蒙其利，则可谓为富国强兵。不仅国人可自夸，外国人也称羡，起而仿效此富国强兵之策。这是为什么呢？纵使富国强兵违背宗教之旨趣，此世界之大势所趋，无可遏止。因此今日之文明，若问世界各国彼此之关连，则即使人民可与万里外之人成为知交，国家与国家之间的交情，却只有两个信条而已。那就是平时买物卖物互相争利，一旦有事则拎起武器彼此相杀。换言之，今之世界，可以用商贾与战争而名之。（273页）

世界是由国家与国家的关联所共构而成。所谓国家，是对内能够维持秩序，对外长于征战，人民积极地进行经济活动，为国家带来利益，作为后进国的模范，实践富国强兵。这样的国家可谓近代的主权国家，也是民族国家。对于近代国家而言，武力及军事力量皆为国家专有，以为国家（国民）争取利益为正当理由，便可以对外发动战争。而国家对内则必须维持社会的安定与秩序，让人民放心投入经济活动。这正符合福泽所说的："政府若善于保民，则人民勤于商贾；政府若时时征战，而人民则蒙得其利，则可谓为富国强兵。"

这里我们有必要进一步思索近代国家的特质，特别就"战争"
而言。福泽在本书这最后一章中要求人民正视勤于征战的近代国
家的现状。如今我们习惯以"战争"来称呼国家对外行使军事力
量一事。这是与近代主权国家之形塑相伴而生的国家对外活动的
方式之一。近代国家的重要特质，就在于武力和军事力量由国家
专有。国家对外行使此专有的军事力量，就是战争。不过近代国
家的发展带来了几处重要区别。战争作为国家对外军事力量的行
使方式，也奠基于这一区别。最重大的区别是国家"内 - 外"之
别。福泽批判道，若为了当代国家"界内"人民的利益，"杀戮
界外之兄弟，掠夺界外之地，争夺商业之利益"，便成了"耶稣之
罪人"。此处所谓国家"内 - 外"的区别，对应着民事（civil）与
军事（military）的区别。关于这个区别，英国的国际关系学者玛
丽·柯道尔（Mary Kaldor, 1946— ）指出："对于国内之人通过非
暴力的法律所构成的关系，与在国外行使的暴力作出区别；对于国
内的市民社会与国外之野蛮状态也作出区别。"① 换言之，近代国家
的存在，就是对内维持社会的和平与秩序，保障市民的活动，对外
则以无法无天地使用军事力量来扩张国力、增进国家利益。近代国
家的这些内外之别，似乎也和政治与经济相对应。这一政治与经济
的区别又对应着军事（国事）及民事（私事）的区别，如福泽前述

---

① Mary Kaldor 著，山本武彦、渡部正树译：《新战争论》（东京：岩波书店，
2003 年）。作者柯道尔在书中区别全球化时代的新战争与往昔的旧战争，并
分析旧战争的特质。她在以近代国家与战争为前提的国家角度之"区别"等
问题上，给笔者很大的启示。

的"平时买物卖物互相争利，一旦有事则拎起武器彼此相杀"那样，这一政治与经济的区别以"商贾"与"战争"二信条，规范了国际社会。

然而，将国家对外行使军事力量（暴力），即战争的行为，与犯罪行为做区分，是通过将"战争"定义为国家主权的行使而完成的。只要以国家（国民）利益为由，便可正当化战争。如此一来，近代国家——拥有独立主权的国家——便成为能够发动战争的国家。由于战争是国家与国家之间的军事行动，新兴的国际法于是关注起战争法的制定。其中必须对参加战争的士兵与一般市民作出区别。不过，未能拥有主权的国家，例如属地或殖民地的居民，若发动战事的话，就被归类为反叛或暴动，而不可称之为战争。该属地或殖民地的主人，即主权国，面对此类反叛或暴动会发动镇压，这属于军事行动，不是战争。19 世纪后期，位于东亚的日本正朝向新兴文明国家迈进，所面对的国际环境是欧美先进诸国基于上述思维所缔造而成的环境，日本在这样的处境里企图脱离非主权国家的现况，跻身先进主权国家之列。福泽在此处注意到日本一心向往的主权独立国家，其实是战争国家的事实。他说"战争就是如此"，好比贸易的目的是促进国力的繁荣一般，战争也是独立国家要伸张自身的权益时不可避免的国家行为。他说：

> 战争亦如此。若单纯视之为杀人之术，则可憎可恶，今日若有人莫名兴师，即使尚不十分文明，仍可按不够周全的条约规范，或通过谈判来进行商议，亦有万国公法或学者的议论可供依凭，轻举妄为可能轻易被默许。也有些不为己利，而以国家荣辱为名所兴之师。故而杀人争利之名，

确然有辱于宗教的本意，不免被指为宗教之敌，但对于今
之文明样态，却不得不然。由此可推论，战争是伸张独立
国之权益之术，贸易则象征国家散发光辉。（274 页）

如果说独立国家在维护自身权益的前提下，不得不对外发动战
争的话，必然需要挺身为国家而战、支撑国家的自立、伸张国家权
益、为国争光的人民，这有赖于人民的爱国心。换言之，独立国家
的人民必须是"报国之民"。福泽说：

伸张本国权益、富裕本国人民，修养本国智德、辉耀
本国名誉——能够为此勤勉努力的人，可称之为报国之民，
其心意可名之为报国心。其要点在于区别本国和他国，即
使不存在害他国之心，亦须存厚己薄人之意，自立自强以
本国独立为目的。因此报国心并非私于一人之身，而是私
于一国之心。换言之，此地球区分为数个区块，区内结党，
若该党为了谋求己利，乃自私偏颇之心。报国心与偏颇心，
可谓名相异而实相似。换言之，一视同仁、四海之内皆兄
弟之大义，与报国尽忠、建国独立之大义，实相斥而无法
相容。（274—275 页）

诚如所述，近代主权国家的形构过程中，便存在国内与国外、
本国与他国的区别。人民对国家的忠诚建立在"我 - 他"的区别之
上，就本质而言是一种偏私于自己国家的偏颇之心。然而，支持一
国独立的要素没有其他，其实就是这个偏颇心或说报国心（爱国
心）罢了。论述至此，福泽才首次针对用普遍性色彩之基督教，来

建立独立国民之宗教精神一事，提出自己的见解。他说"因此，将宗教信仰扩及政治层面，作为建立一国独立之基础的说法，无疑思考逻辑有误"。

观诸福泽的论点已经远远超出是否可以将基督教采用为国民宗教的层次。他所论述的问题是，日本作为后进国之一，在促进一国的文明化时，究竟面对怎样的国际环境？而主导国际社会的欧美先进文明国家，现实中又呈现怎样的国家形态？他以基督教作为对比，尤其把战争和偏颇的爱国心当作近代国家的重要特质。他所列举的特质非但无误，而且促使 21 世纪的我们正视这些围绕着国家形态的问题。日本国家作为皇国（天皇制国家）理念之无限性的至上性，造成超过二百万名日本兵士的死亡，[①] 在《文明论概略》问世七十年之后，作为国家的日本所带来的结果是这样的。我此处的课题，并不是要以这样的结果来批判福泽之国家论或战争论，但是，这一结果，以及福泽在面对 19 世纪后期国际社会时所发出的"一国之文明 = 一国之独立"的信息，其涵盖所及，直指 21 世纪的我们。关于这一点，他以一种非常深刻的方式教诲着我们。

福泽在思考一国的文明化时，对于日本所处的国际环境有严肃确实的认识，因此他把一国独立的课题嫁诸于日本人民身上，激励人民起而奋发努力。然而福泽所谓的国家独立，是什么意义上的"一国的文明化"呢？

---

① 靖国神社中为"大东亚战争"所立下的英灵石柱有 2133823 根。这是可以数计的公认的战死者，但尚有难以数计的死者。这无数的死者让国家与战争的关系发生了决定性的变化。

（七）日本所面对的病症 = 所谓"困难之事"

虽然明治维新带来了体制变革，人民似可稍作喘息，但福泽谕吉郑重其事地向人们说明日本所面对的困难景况，提示人民不得掉以轻心。福泽把日本面对的"困难"比喻为"病症"，日本过去所未曾经历的病痛，福泽名之为"外国邦交"。"有识者问，此病如何名之？吾辈名之为外国邦交矣。"（277页）所谓"外国邦交"就是日本必须面对的国际关系。福泽将日本首次体验到的国际处境，比喻为让人忧虑的"病症"，隐喻其困难程度。而以病为喻，也是想要提醒日本人，必须明了发病的原因，确实掌握其病状，并寻找治疗的方法。他认为作为一种日本必须忧虑的病症，"困难之事——外国邦交"就是病因。他说：

> 外国人赴日之因，在于贸易。然而今天观察日本和外国之间的贸易样态，可知西洋诸国是货品的制造国，而日本则是材料的生产国。制造货品必须将天然物予以加工，譬如将棉花制造为织品、将铁块制作为刀刃。生产物品需仰赖天然之力，产出素质之材。日本可以生产粗棉，也可以掘出矿物。因此西洋可以名之为制物之国，而日本可以名之为产物之国。（277—278页）

日本之所以面临"外国邦交"的国难，源自欧美先进诸国要求通商，并派遣舰队航向东亚、日本。自鸦片战争至佩里舰队来航，显示着欧美诸国通商的要求始终伴随着军事力量的侵略。

开港通商以军事力量为后盾，造成一种强制力。因此对于后进国的国际处境而言，"外国邦交"的确是一种有如病痛般的疑难杂症。而且这个受到强制的通商关系，是由先进国＝"制物国（制品工业国）"与后进国＝"产物国（原料出产国）"所共构而成的，后进国必须以产物国的身份，被纳入资本主义式的世界秩序。福泽这段话很清楚地点出"外国邦交"何以成为日本所要面对的病症。

丸山真男对福泽这段话做了如下解释，他说："福泽将'外国邦交'当作日本所面临的最大困难，原因在于西欧式的国家秩序主动把日本纳入近代国际社会"[①]一事上。他定义"西欧式的国家秩序"乃是"由主权国家为主所构成的国际社会"，接着环绕"主权"的概念，开始讲述起政治学。丸山把"外国邦交"理解为日本在国际外交态势（国际关系）的制约下，不得不选择加入西欧国家秩序。这么一来就无法理解"外国邦交"为何是一种"病症"，又为何是一种"难事"了。在丸山的解释里，福泽所谓的"病症"，顶多是日本为了实现自己所选择的道路而必须解决的问题，如经济不利的态势、国民品行低下等等。[②] 丸山对《文明论概略》的理解，

---

① 丸山真男：《读〈文明论概略〉》下，248 页。

② 丸山试图将"外国邦交"之病状归因于：第一，日本在经济上及贸易上居于劣势，第二，"外国邦交"对日本国民的"品行"带来冲击，即"行动方式与气度层面的问题"，从而将福泽对"外国邦交"问题的重视矮化（丸山真男：《读〈文明论概略〉》下，253 页）。在与此"品行"关联中，丸山把福泽愤怒的原因转向日本人对洋人卖笑的"没品"行为上去了。丸山还指出："让人联想到日本战败后，因'美国驻军'而团团转的群众与公司行号。"这样的断语怎能不令年长的读者读之苦笑，曾经在战败后忍饥挨饿的我，面对丸山的叙述，很难压抑厌恶感。

始终缺乏一个观点，即 19 世纪东亚的国际关系，是一种受到欧美列强所操控、所压制的关系，这样的国际关系可以化约为：不管是在政治、经济还是文明的层面，欧美诸国都处于先进国的地位，而亚洲诸国都处于后进国的地位。因此丸山仅仅将福泽对欧美先进诸国的怒意，理解为一种情绪性的非常态表现，他无法理解福泽为何不断关注殖民地国家印度，也始终无法明白为何福泽主张作为后进国的日本如果要达成一国的先进，就必须脱离亚洲，跻身文明国之列。

但是，福泽在由欧美先进国家主导通商的国际关系中，定义出"制物国"与"产物国"，并进一步指出，通过通商关系，会令前者产出较多的财富。"一国之贫富与该国天然物产的多寡紧密相关，但也与使用的人力有关，最关键的是与使用人力的多寡及巧拙有关，一如印度土地富饶却陷于贫困，荷兰物产贫乏反晋为富庶。"（278 页）制造物品的国家迈向工业化及其对富庶的进一步要求，必然需要确保原材料源源不绝地供应，并为此扩展通路，因而必须将所支配的地域往全世界扩大。如此一来，欧洲便通过产业革命进行着工业化，人口因而激增，甚至向海外移民。"这大量往海外移居的人口，成了世界人口动态中最引人注目的事件。"[1] 面对欧洲人口的激增与欧洲对外的大举侵略，福泽认为必须采取对策。他将欧洲的扩张策略整理为三，并评论道：

第一是输出本国的产品，从土地丰饶之国输入衣料及

---

① 霍布斯鲍姆（Eric John Hobsbawm）所著 *The Age of Empire*，野口建彦、野口照子译：《帝国の时代》（东京：みすず书房，1992 年）。

食品。第二是将本国人民移往海外，进行殖民。第一项策略能够达到的成效有限，对所患之难无法充分救济。第二项策略需要大笔资本，或无法奏竟其功。因此，第三项策略是借外国的资本，取其利益，供本国之用。盖将本国人移往海外，虽然以既开发之地为良，但既开发之地原本拥有自己的政府，其人民也具备当地的习惯风俗，他国之民欲入其中，与之杂居，并试图获得便利，并非易事。唯一契机在于，海外之国尚不知勤工之术而无法致富，缺乏资本而以劳力为重，因此若以高利将本国多余资金借贷给贫困国，则可不劳而获利。(279—280 页)

福泽认为第三项策略是为"金主之名案"（译注：债主之上策），并且对明治初期便已经背负外债的日本提出警告。姑且不论外债之事，观诸这一先进工业国处理本国人口增加的方策，欧洲先进国家强加于世界上后进地区的国际关系为何物，便昭然若揭了。它落实于前述制品工业国和原料生产国的关系、殖民宗主国和殖民从属国的关系、投资国和被投资国的关系。东亚世界在 19 世纪被纳入资本主义世界秩序之中，便是先进国家对后进国家在国际关系进行强势约制所致。通过经济上的国际交流，财富日益往先进文明国积累，如此一来，福泽说："世界的贫穷，悉皆归于下流之处。"(281 页)

可以说，从经济层面来观察"外国邦交"，对身处东亚的后进国日本而言，也是一种"病症"与"难事"了。

（八）内外权力之不平等

　　福泽在此处由"人民同权"下笔。他主张人类权利的平等，并非只是一国之内的人民权利平等。他指出："同等对待此国之人与彼国之人，平等对待此国与彼国，不论其贫富强弱，权义等同，乃旨趣所在。"（281页）不过以开港通商为起点的"外国邦交"，就其实际而论，先进国家乃强制性地将日本置于权力不均等的杠杆关系之中。"人民同权"是欧洲先进诸国提出的优良文明理念，也是令后进国家人民怀抱希望的一种理念。可是现实中，先进国家却将后进国置于不平等的关系之中，挫败了后进国人民的希望。福泽因此感到愤怒，并且以"社友小幡君之著述"来代表自己的愤怒。小幡即小幡笃次郎，福泽引用他《内地旅行之驳议》中的一节，为自己的愤怒代言。[1]文章里说：

　　　　美国希望与我国之通邮通商，令水师提督佩里将军率领舰队闯入我内海，强迫我国就范。借口彼我同戴一天、共踏一地，四海一家皆兄弟，不可独我一方拒人于外，若不容他人，则为天之罪人，若因此举兵，目的也是促使我方开港通邮通商。其言何其美，而其实何其丑乎！言行不一、言不符行，莫此为甚矣。若去除其浮语虚词，就

————————

[1]　福泽虽然说这里引用了"小幡君之著述"，但其实是一种修辞学上的"假借"。该文已知是由福泽和小幡合力撰成的（参见丸山真男：《读〈文明论概略〉》下，257—261页）。福泽引用小幡的文章，来间接表达自己的愤怒，也增加论旨的说服力。

其实情而言，不外乎"不与我等通商，杀之无赦"，如此而已。

（中略）

试以城内之景况观之。骑马乘车，意气扬扬，叫人避之唯恐不及者，多为洋人外人矣。偶与行人走卒车夫发生口角，洋人常旁若无人般，报以拳脚，人民往往怯懦卑屈，无一气力应之，亦不敢置一词，只得忍怒吞声，赴法庭与讼者几希。进行商业买卖时，若起争端，于五港之地诉诸法庭裁判，则由他国人执行判决，亦不能伸冤矣。且人民彼此冤冤相报，积怨日深，状若弱少之新嫁娘随侍老悍之家婆旁侧也。

外人以蓄积势力为由，自财货富饶之国往赴此财货贫乏之国，其挥霍之状，令吾国谋利之徒争相献媚，中饱私囊。……因外人撑腰行止益加张狂，其妄作胡为之状，让人见之难掩厌恶矣。

福泽说小幡上述文字"深得吾心"。小幡以激愤之情，记述"外国邦交"给日本带来的不平等情态，而不久之后，福泽在自己撰写《通俗国权论》时，也举出具体事例，详加说明。① 外来的欧美诸国之强大，对照出内在的日本国之弱小，由这样的关系出发的

---

① 福泽所撰《通俗国权论》于明治十一年（1878）刊行。该书主要是取《文明论概略》最末章的主旨，加以阐述而成的，即申论"国权论"该具备怎样的理论与立场，又该如何进行深化。福泽在该书《绪言》中说："盖于国内主张民权者，目的是对外国要求彰显国权矣。"同时他也刊行了《通俗民权论》一书。

"外国邦交"，不得不令日本人日益卑屈，且出现品行不端的症状。这是一种病症，而非疾病本身或者病因。此病症即是让日本陷于不平等关系的"外国邦交"。

当日本陷于权利不均衡的国际关系后，不少有识之士起而提倡"人民同权"的主张。然而"人民同权"就如同福泽所强调的，不只是诉求国内之人民彼此权利相等，也必须诉求日本人民与欧洲人民的权利相等。面对"外国邦交"的不公平状况，却少有明眼人主张日本人与欧洲人之权利应该相等。其个中原因，福泽是如此看待的：第一个是人民同权论尚未深化；第二个是不仅一般人，即使有识之士本身，对"外国邦交"的实情都不甚了解。

关于第一个原因，福泽指出，人民同权论的深化及履行，必须由实际上处于不平等关系中的弱势者推动才可能实现。但提倡人民同权论的都是学者及知识分子，即所谓社会的特权阶级。他们不是"丧失权力，遭受他人迫害"的一方，而是"大权在握，加害于他人"的一方。因此他们"倡议同权之说，仿佛隔靴搔痒"。福泽还批评道："譬如食物非入己口则不知其真味般；未曾亲身坐牢者，无法尝到牢中的艰苦滋味。"（284页）他的意思是，学者及知识分子若想超乎自己在社会上的特权地位，对同权论有进一步的阐发，则必须经由对得势者和弱势者真实生活的体验和反省，才可能深化自己的认识。

福泽展开了一个想象：如果让这些抱持"人民同权"的理想提倡"大而无当且迂腐"之论的人，实际面对外国人交际并进行折冲的话，会出现什么情景呢？他们是否因此才能真正体会弱势者的心情，进而意识到自己的议论之不切实际呢？福泽说："有朝一日让此辈论者亲历其境，广泛接触西洋诸国之人，直接与之相争，并遭侮受辱，就像我街坊百姓为士族所辱，或者谱代小藩于自家受公卿、幕府官吏、御三家①所辱一般，他们才会知道同权论之迂腐，醒悟权利之不均如何可厌、可憎、可愤、可悲！"（286页）

不过福泽也强调，在"外国邦交"上出现的差别待遇，并非国内人民之间的差别待遇可以比拟。

（九）在"外国邦交"上遭受差别待遇的实况

福泽说，世界上之后进国或后进地域，在西洋先进诸国胁迫下形成的"外国邦交"，其彼我之别，并非国内特权人士对本国人所施加的差别待遇可以比拟。他指出：

> 今之外人，其狡猾剽悍之状，非公卿、幕臣可以比拟。他们以智欺人、以诡辩诬人，争之以勇、斗之以力，可谓智辩勇力兼备之法外的"华族士族"②。万一受其制御、蒙其束缚，其残酷之状，仿佛空气停滞、密不透风。想象有朝一日，我日本人民将处于此窒塞之中，则浑身毛骨悚然，

---

① 御三家指江户时代最高统治者（幕府将军）德川家之中除将军以外的三家亲藩，分别是尾张家、纪州家及水户家，他们处于众亲藩的最高位置，负责辅佐将军。——译注

② 华族为明治宪法中对江户幕府旧公卿、旧大名赋予的贵族地位，位于皇族之下、士族之上，1869年后延及对国家有特殊贡献的政治家、军人、官吏。士族是明治之前的武士阶级，仰赖俸禄维生，1869年后则是指武士子孙，社会地位处于华族和平民之间。——译注

不寒而栗。（287 页）

始于 18 世纪中叶的产业革命，到了 19 世纪终于令资本产业取得最终的胜利。伴随着英国作为霸权国家的出现，资本主义也成为世界秩序的准绳，亚洲被强制纳入此一秩序，处于从属之位。印度早在 18 世纪中期就因英国的产业革命，一举从印花布的生产国，转身为栽种棉花来供给英国使用的原料生产国。这样的改变，明确地定义了印度在此经济秩序中的地位——周边的从属国地位；而这样的改变，也强化了英国政府对印度的支配。19 世纪，作为殖民地的印度的信息，大量流入伦敦。在 1850 年的伦敦，马克思根据印度的生产关系、土地所有关系等信息而发展了对"亚细亚生产方式"的社会认识。而福泽反过来运用来自于伦敦的情报，了解了英国加诸殖民地印度的暴政恶行。他说：

> 在印度政府的法庭进行审判，却规定当地人不能陪审，仅限英国人陪审（参见《西洋事情》第三卷《英国》条第九页）。彼时发生某英国人在印度以枪炮射杀土人的诉讼事件。被告英国人向陪审团申诉道，自己是因为见到一只动物的身影，以为是猿猴故发射炮弹，事后才知不是猿猴而是人。陪审团竟无一人异议，做出无罪判决。（288 页）

此记录乃根据 1874 年旅居伦敦的自由民权政论家马场辰猪（1850—1888）所述而来。马场告诉福泽："此类之事，不遑枚举。"关于欧洲先进国所要求的"外国邦交"究竟为亚洲诸国带来怎样的后果，印度提供了活生生的不堪实例。然而，提倡"人民同权"的知识分子，以及绝大多数的日本人却对这样的事态一无所知。原因是日本自开港以来，与国际交际有关的一切事务都由政府一手包办，故而人民无从知晓吧！福泽大声呼吁着："以一片赤诚忧心国事者，不可不博闻广见，细察世界古今之事也。"他指出：

> 今之亚美利加，本为谁之国乎？其地原属于印第安人，白人到来后，印第安人却遭放逐，主客异位，反客为尊。因此今之亚美利加文明应称为白人之文明，不可称为亚美利加文明。此外，东洋诸国及大洋洲诸岛亦然。凡欧人所到之处，悉将该国之权利义务及利益侵吞净尽，何以保其真正之独立乎？试思波斯如何？印度如何？暹罗如何？吕宋及爪哇又如何？（290 页）

福泽所举的 19 世纪欧洲先进诸国所主导的"外国邦交"事例中，有些国家落入殖民地、从属国的境地，也有些国家的原住民被夺去了自己原本的居住地。他的叙述里难掩对先进诸国之蛮横残暴的强烈愤怒。他之所以如此愤怒，是因为就在 19 世纪后期，先进诸国开始对全世界进行帝国主义式的割据，他也正好以西洋先进文明国为目标，试图落实让后进国日本文明化的构想。于是他在这最末一章里，询问日本之"今"，并寻求一个能够在"今"之时间点回复的答案。所谓的"今"，意指在"外国邦交"遭受不平等对待的后进国日本之现在，即 19 世纪 70 年代。身为文明论者，福泽不得不面对下述问题：在"今"之时间点，日本究竟应该采行怎样的文明化、近代化战略呢？

（十）以独立为目的、以文明为手段

日本在面对"外国邦交"这一从未遭遇过的困局时，必须订立目的，并朝向这个目的集合一切智慧与力量。这个目的就是"国家之独立"，意即"区别内外，维持我国之独立"。福泽认为，明确地将"国家之独立"定为进行"外国邦交"的目的，朝此目的集结全国一切力量，是对迎面而来的困局最有效的解决良方。不过，福泽先前不是在《文明论概略》中指出，"晋于文明之境"是新日本人民应全力以赴的不二目标吗？为何当他在面对"今"之时间点做回答时，就以"独立"之目的取代了"文明"所在的位置呢？且让我们阅读本章中他对"文明"与"独立"所作的说明吧！他说：

> 我文明之目的在于独立。即分明内外之别，维持我本国之独立而已。保持独立之法，不可求于文明之外。
>
> 令今之日本国人晋于文明，目的在于维持本国之独立。故而国家之独立为目的，国民之文明为达成目的之手段。
>
> 以国家独立为目的，以"今"之文明为达成目的之手段。此"今"之日乃特定之意，学者切莫等闲视之。（300—301 页）

福泽指出，"国家之独立"为"今"之日本的目的，"文明"为达成此目的的手段、方法。他曾将"一国之文明"定义为"一国人民智德进步之状"，那么当具备智德的人民通过本身的自立自强，促成了国家独立的话，就可视为在文明的条件下完成独立了吗？福泽又说："我辈所谓本国之独立，即我国民与外国交际时，历千锤百炼，始终持铮铮之态度，仿佛牢靠可挡大风雨的屋宇一般。"（300 页）他一方面指出文明是达成独立的手段，一方面又强调"国家之独立即文明也。无文明则无法保持独立"。（301 页）最后他清楚申明："外国邦交乃我国一大疑难病症，欲治此病，不可不仰赖本国之人民。"（294 页）可见对福泽而言，"独立"与"文明"以及"人民"这三个因素，是截然不分的，此三要素是面对外交难局时，打开生路的唯一途径。

不过，当站在"今"之情势之中，以"国家之独立"为最高准绳，以"文明"为达成此目的之手段，其意义会不会因此而变质呢？福泽说："须先有日本之国与日本之人民，才可论及文明之事。无国家则遑论我日本之文明。"（298 页）细观福泽这句话，不正呈现了某种复义性吗？"文明"在这里不就成了第二义的、从属的存在了吗？所谓"文明"之复义性，即是"我日本""我国"之单义性（开宗明义）的优位化。"我日本"作为第一义、作为目的的优位化，使得"文明"这个手段沦为第二义的存在。而造成这种情况的，正是日本之"今"以及应对"今"之现实急迫性。所谓的"今"，是被迫处于西洋先进诸国以"商贾与战争"两原则所律定的"外国邦交"情势中的日本之现在。福泽一方面对先进国的蛮横残暴表达高度的愤怒，一方面对日本"今"之危机高声地发出警告。他认为"国家之独立"是解除"今"之危机的最佳处方。不过作为解除危机的处方，即"国家之独立"的实际内容，不得不受到西洋先进诸国的制约，即在以"商贾与战争"作为"外国邦交"法则的前提下，作为一个主权国家，应如何维持国家独立的对策。面对"今"之危机所规定的"国家之独立"处方，就在于让自己也成为持有"商贾与战争"原则的近代主权国家。对于这样的国家而言，"文明"不外乎是进行"商贾与战争"的工具而已。福泽以"文明"为"国家独立"的手段，正显露他希望积极地让日本步上西洋近代主权国家之道的企图。这不是别的，正是脱亚入欧之道。要不了多久，福泽就这么说了："欲唤起一国之人心，令国家全体人民感动，最方便的莫过于发动对外战争。"① 也要不了多久，日本便秉持"商贾与战争"之信条，主动向邻近的亚洲诸国发动战争。就如同序章所示的年表，福泽刊行《文明论概略》的翌年，即明治九年（1876），日本逼迫邻国朝鲜签订《日朝修好条约》之不平等条约（译按：《江华岛条约》），朝鲜不得不打开国门。日本在朝鲜的国土上，重演了昔日美国佩里将军在日本国土上所进行的要挟。

---

① 前引《通俗国权论》第七章"不得不对外发动战争一事"（收录于《福泽谕吉选集》第四卷，东京：岩波书店，1953 年）。

结　语

《文明论概略》与我们该重新审思的课题

我在《文明论概略》最终章的精读中写道："福泽以'文明'为'国家独立'的手段，正显露了他希望积极地让日本步上西洋近代主权国家之道的企图。这不是别的，正是脱亚入欧之道。"而且福泽在出版《文明论概略》之后不久，马上就得出下列结论："欲唤起一国之人心，令国家全体人民感动，最方便的莫过于发动对外战争。"很快地，日本便以"商贾与战争"之信条，主动向邻近的亚洲诸国发动了战争。

福泽的文明论以西洋近代文明为目标，设定"国家之独立"的目的，并采纳"国权论"为正当的外交信条。在此情形下亚洲新兴之国日本开始积极仿效先进欧美各国，以"商业与战争"两大原则，建立国际关系，从而走上了近代主权国家的道路。以西洋文明为目标的福泽"文明论"或"文明化论"，其结构有一定的激进性，正因为这个原因，他所提示的日本近代化的路径，也同样具有以西洋为目标的激进性，它并不仅源自日本在 19 世纪后期的亚洲认识，也不仅意味着日本意识到自己正面临着严峻的"外国邦交"状况。以西洋文明为目标的"文明化论"本身，其理论奠基于将世界划分为历史和空间意义上的"文明"及"野蛮"这两个阵营，并以脱离"野蛮"迈向"文明"为志向。通过《文明论概略》，我们看到文明史与文明社会史的记述，其实伴随着野蛮的史前史与野蛮社会的记述。其中也通过"文明"与"野蛮"的对比，描绘出积极走向文明的"日本"，以及停滞不前的专制国家"支那"。"脱亚论"并不是福泽在明治十八年（1885）提倡之后，仅流行于一时的言论，它其实具备以西洋文明为目标的"文明论"或"文明化论"的特性。

我们现在必须清楚地认识到，福泽谕吉在明治维新的日本黎明期提出的这样一个建设新日本的蓝图，作为一种过于激进的文明论，在 1945 年将日本带往重大的终局。我并不是要为福泽定罪或跟他过不去，相反，我以为有必要通过重新审思历史，来重新审思现在的日本所面临的课题。这不是为了要替福泽隐瞒什么，或辩解什么。丸山真男的《读〈文明论概略〉》企图替福泽辩护。他试着辩解"脱亚"的理由，解释日本当时为何汲汲于跻身"近代主权国家"之列。但是如此这般地替福泽辩解，其实也隐瞒、逃避了福泽文明论所提示的、我们必须一起面对和思索的问题。究竟什么东西被隐瞒了呢？我们必须面对这个疑问并认真寻找答案，这个疑问的解答也和日本未来的走向息息相关。对福泽在近代日本黎明期，以非常激进的方式所指向的道路，我们真的根据 1945 年的结局认真思索过吗？重新跻身世界峰会一员的日本，难道不是在同一条道路上依然故我地朝着"西方"奋力前进吗？

当今的历史学家使用"全球化""霸权国家"等用语，来讨论当时福泽以严峻的笔触描述的 19 世纪后期的世界，以及亚洲当时面对的"外国邦交"与处境。这是将 21 世纪现代人所面临的问题移位于过去的时代，以重新建构历史认识的做法。诚如现在的历史学家所言，19 世纪的确是一个世界大举进行融合的时代，也是"霸权主义国家"英国的时代。将福泽所处的 19 世纪世界，与现代的世界合一而观，其可能性也有机会令福泽式的叩问成为可能。但是，要重新思索福泽所提出的问题，并不是要将19世纪与现代复合而观，而是必须通过与19世纪的比较，重新省思我们现在所面对的"全球化"和"霸权国家"等问题，并意识到这些问题的严重性、崭新性与深刻性。从中我们应会发现，当今率直地重新叩问现行道路与方向的必要性，亦即重审我们因袭这一规定了20世纪日本之国家方向的路径的必要性。福泽的文明论，不仅提示我们须重新思考这一课题，同时也提供给我们宝贵的信息，提醒我们重新思索的必要。福泽文明论的激进主义，不单在于激进地提示了日本对外关系的方针，且进一步将文明论的课题构筑于日本内部的激进改造之上。《文明论概略》之所以让我在阅读时兴趣盎然，并进行"精读"，是因为我从中看出了福泽态度坚决地批判、剖析了皇学者的国体论以及儒者的德治主义，还有日本社会权力不均等特点。福泽的笔锋如此激烈，就好像他已看透了天皇制国家日本的未来。他强调"充实人民智识""使人民自立"的思想，是为了挑战那些企图压抑人民的自立，并将人民变为臣民的势力，并起而与之斗争。政教合一的天皇制国家理念伴随维新而生，两者共存，执政者迅速地通过《教育敕语》及家族国家观的推广，对国民＝臣民施予"国民道德"教育。

和福泽文明论中支持国家独立的"国权"立场相对立的，是以人民自立为诉求的"民权"立场。在日本近代化的过程中，后者终究被前者完全吸收了。日本的国家主义并非鼓励"人民"自立的国民主义，而是强调"国家"至上的国家主义。这个主张国家主义的日本采取"商贾与战争"两大原则面对亚洲以及全世界。

福泽文明论中的激进主义，试图强调人民的自立，摒除人民所受的压抑，如果当今的我们想继承这个激进主义，那么就必须重新审思福泽从人民的角度，所描述的"国权"与"民权"之相应关系。要追求 21 世纪的人民自立，意味着必须解除 20 世纪国家主义与民族主义意识形态在国内的压制，并求取整个亚洲人民的共存共荣，这才是自立的目的。由根柢去思索日本的前途，也就是由根柢思索我们自身的前途。这是一个面对亚洲、面对全世界的我们，应面对自己的重新省思。

《文明论概略》作为日本近代黎明期的激进的文明论，向 21 世纪的我们提示着一个必须积极重审的课题。

后 记

　　如同我在本书《绪言》所提到的，我开始精读《文明论概略》的时间是福泽谕吉去世后的第一百年，即 2001 年。这一年也正是本居宣长（译注：江户时期著名的国学者）去世后的第二百年。他们两人的学问都与近代日本的形成密切相关，也同样值得我们重新阅读与思考。随着世纪的转换，世界也发生着重大的变化，这是我们所身处的时代。重新阅读他们的著作，也就等同于阅读日本近代的发展过程，并为即将来临的新世界作准备。日本近代黎明期的著作《文明论概略》为日本的文明化做了充满逻辑性的规划，我在精读的过程中有如重新审视了 1945 年为止的日本近代化之实际进程。这样的阅读和慎思，是我们面对 21 世纪提出蓝图时，不可或缺的基础。

　　我在重读《文明论概略》的过程中，也陆续在各个市民讲座、研究会或大学课堂上报告我的阅读结果。进行精读时，我一直保持着高昂的情绪态度进行精读工作。我总是告诉市民与学生们，很希望自己能把这份兴致分享给他们。我没有预料到自己会对《文明论概略》的精读工作保持这么高的兴致。最初，我只是将它和内藤湖南、柳田国男的著作一样对待，当作我的"近代知识考古学"系列工作之一，单纯地进行内容的分析。但是在精读的过程中，我不再只是分析文本，反而被文本所吸引，仿佛是第一次阅读一般，感到兴致勃勃。到底是什么改变了呢？福泽的文本并没有改变，只是我从前没有读透罢了。那么究竟为什么我从前没能读透呢？那是因为当初没有把它当作日本近代黎明期，即明治初年的文明论述来阅读，而只是把它当作近代日本古典中具有代表性的文明论著作或是教养的案头书之一。我就好像只读了它的开头，而没有深入福泽文明论的语言逻辑，甚至可以说对其话语逻辑完全没有读透。

《文明论概略》这本福泽关于文明论的论述，是明治初年日本社会的论战性话语。为了什么而论战呢？为日本新国家的规划而战。《文明论概略》是一部将日本建构为文明国家的规划蓝图。基于这个目的，《文明论概略》绝对不是单纯地译介欧洲的文明论而已。它是与后进国日本的内外状况紧紧相系的、从中衍生的文明论述。因此福泽针对新兴国家日本的文明论规划，必须进行激烈的抗争才行。

虽然我本着兴奋的心精读《文明论概略》，但这却不是短时间能完成的工程。这段时间内我还忙于《亚洲是如何被叙述的》（藤原书店）、《汉字论》（岩波书店）及《国家与祭祀》（青土社）等书的刊行，但我依然持续努力进行精读的工作，直到 2005 年年初。2 月初当我写完《结语》，我精读的日子已长达四年。等我精读完《文明论概略》终章，也就是福泽关于国权论的论述，我终于明白了《文明论概略》所提示的问题，也明白了我们应该如何进行审思。这些反省我都已经记录在《结语》里头了。

对《文明论概略》进行精读，对我而言意义重大。我学到了当面对《文明论概略》这本日本近代黎明期的名著之时，该如何跳脱近代主义的观点，对它进行积极的阅读。我们对过去的考察，是为了将来作准备。所谓继承近代的遗产，必须是以朝向未来、预作准备的态度来进行的。我完成了精读的任务，内心洋溢着充实感。

我由衷感谢岩波书店编辑部的斋藤公孝先生，他在这四年中，有时会到研究会来听我的报告，并且在这个过程中关注着我。本书与先前的《本居宣长》《日本近代思想批判》一样，都是经由斋藤先生之手，作为岩波现代文库之一册问世的，这对于我、对于这本书而言，都是莫大的荣幸。

2005 年 3 月 2 日

子安宣邦识

反思"脱亚入欧"的文明史观

——子安宣邦《福泽谕吉〈文明论概略〉精读》解说

赵京华

一

启蒙思想家福泽谕吉（1835—1901）的《文明论概略》（以下简称《概略》）无疑是日本近代思想史上的经典著作。北京商务印书馆早在 1959 年就出版了其中译本，中国读书界对这部作品大概也不陌生。而在日本，围绕该书的阅读和阐释多种多样。其中，同为思想史学者的丸山真男《读〈文明论概略〉》（东京：岩波书店，1986 年）和子安宣邦《福泽谕吉〈文明论概略〉精读》（东京：岩波书店，2005 年），在解读方法以及看待日本近代思想历程的基本立场上，都构成了鲜明的对照。作为不同时代的学者，子安宣邦在对抗丸山真男那种认同式解读的同时，提出了经典阅读的批判性视角，并将这种批判性的阅读与对近代性，特别是对"文明与野蛮"这一二元对立文明史叙事的反思结合起来，使读者得以通过福泽谕吉的著作，更深入地了解日本近代化的成功与失败，值得关注。

作为很有影响的当代日本批判型知识分子，子安宣邦的著作中贯穿着一条由"后现代"，特别是知识考古学、文化研究和亚洲视角所构成的思想史研究方法，同时内含着一个社会良知强烈的政治关怀与批判意识。这种"后现代"与历史批判的有机结合成为其思想著述鲜明的个性风格。而他那种旨在颠覆日本近代知识制度，从

"近代性"视角之外来观照日本的方法论，主要是从出版于 1990 年的著作《作为"事件"的徂徕学》（东京：青土社，1990 年）开始的，并在挑战日本思想史研究奠基人丸山真男的"近代主义"方法论体系的同时逐渐构筑了起来。需要指出的是，这种挑战并非学术领域"文人相轻"式的门户之争，而是起因于在关乎近代性、民族、国家和整个 20 世纪的历史认识方面，他们在立场观点和思考方式上的不同。简而言之，如果说丸山真男代表的是战后民主主义那一代学人以近代性思想资源为前提和基准来审视日本的倾向，那么，子安宣邦则反映了在 20 世纪 80 年代以来的后现代社会中，从超越民族国家构架的立场出发，借鉴西欧近代性反思的理论资源来看问题的新一代知识分子的思考方法。因此，二十年来这种挑战始终没有间断，作为一个充满紧张感的思想碰撞和生成的源头，它给子安宣邦的学术著作铸就了论战的性格和批判的活力。正是在这个意义上，2005 年问世的《福泽谕吉〈文明论概略〉精读》，也就不仅仅是一部关于日本近代早期的经典著作的导读书，还是一部从思想史方法论上与丸山真男的近代主义立场相抗争的著作。

二

1986 年，丸山真男出版了他的《读〈文明论概略〉》一书。作为一个始终把福泽谕吉的思想当作"精神食粮"而迷恋一生的研究者，丸山真男开宗明义地强调自己将以江户思想家那样的"经典注释"方式来解读福泽的著作，他称《概略》为"近代日本的古典"（《读〈文明论概略〉》序言），实际上表明了一种阅读姿态，即放弃对著作产生的历史背景的批判性反思，通过直接面对文本本身的解读而将"古典"视为一种"常识"以增长自己的"教养"。这种阅读姿态无疑来自近代主义者丸山真男对福泽谕吉思想乃至近代知识的认同,其结果自然是对批判性解读的放弃,或者如一些现代研究者对获生徂徕的解读那样,是在文本内部解读文本的本质或在专业解读集团内部解读文本。(参见子安宣邦《作为"事件"的徂徕学》)对此,子安宣邦则针锋相对,他首先将福泽谕吉的《概略》视为"近代日本黎明期的著作",强调一种所谓"重叠阅读"的战略。"近代日本黎明期",即19世纪亚洲与日本共同面临剧烈变动的转折时期。在这个大变局的时代,身处亚洲的日本有着近代化规划上多种选择的可能性。而《概略》中提出的只是有关日本国家走向的文明论方面的一个规划方案。就是说,《概略》的诞生是个思想史"事件",是在与多种可能性规划方案相抗争过程中所明确提出的一个规划方案。重要的是,这个文明论式近代化规划方案——以西方文明为典范,通过"脱亚入欧"以实现日本一国的独立和富强——基本上也是近代日本所选择的国家战略。不幸的是,这个国家战略在福泽谕吉的文明论规划提出后不到八十年的时间里,就遭遇了1945年的挫折和惨败。这样一来,将其定位为"近代日本黎明期的著作",就使《概略》成了反思日本近代化历程的一个重要思想资源,而不再仅仅是"古典""常识"和"教养"性的著作。所谓"重叠阅读",就是穿越一百五十年的历史时空悬隔,把福泽谕吉写作《概略》时的亚洲大转折时代与21世纪新的转折期重叠在一起,通过历史文本的解读从起源上反思19世纪以来的近代化路线,以及20世纪由帝国主义和民族国家独立而引发的战争与革命的惨痛教训和历史经验。这样,作为一百四十年前日本近代黎明期最初的文明国家化规划方案,《概略》在理论上的结构性病症和文明史论逻辑上的矛盾（文明与野蛮的二元对立思维模式），就会通过 1945 年这一历史镜像呈现出来，成为我们思考当下时代课题的一个参证。对于《概略》的解读工作也就成了与近代化历史叙述相抗争，以思考未来日本国家走向的前瞻性思考运动。

在这样的定位和解读战略之下，子安宣邦于《概略》中得以发现丸山真男的"古典"解读法所没能阐释出来，或者有意无意地遮蔽了的思想史问题。比如，对于福泽谕吉"文明乃相对之语"（《概略》第三章"论文明的本质"曰"文明是一个相对的词，其范围之大是无边无际的，因此只能说它是摆脱野蛮状态而逐步前进的东西"）的解释，丸山真男认为这里所说的"文明即文明化，因而只能是相对的"。把文明看作文明化，"文明"也就变成了一个表示历史进程的概念。这种解释表面上看起因于他对福泽谕吉的下文，即"只能是摆脱野蛮状态而逐渐前进的东西"一句中"野蛮状态"的忽略。而在子安宣邦看来，这完全是一种有意的视而不见，即对福泽文明论中"文明与野蛮"二元对立思维的遮蔽。文明是相对于野蛮而言的。"对于文明乃相对于野蛮的概念，文明社会史即是相对于野蛮社会史、停滞社会史的历史叙述。……福泽谕吉将欧洲文明史作为自己的文明论乃至文明史叙述的背景，意味着其叙述同样具有欧洲文明史的结构性特征，即以文明史的方式来叙述人类社会，必然要去发现和叙述出一个原始野蛮社会来。"（《福泽谕吉〈文明论概略〉精读》，84—85 页）指出这一点十分重要，因为这个文明与野蛮二元对立的思维模式，不仅是造成福泽谕吉文明论或文明史叙述的根本矛盾所在，而且牵扯到他另一个重要议题——"脱亚论"，即对于亚洲的基本认识问题。正如西方人的西洋文明史叙述必定要伴随对于非文明乃至反文明的东洋史叙述那样，如果说黑格尔乃至马克思通过先进的欧洲看到的是落后的印度以及中国，那么，在福泽谕吉那里，反文明的亚洲则意味着专制王国中国和古代的专制日本。就是说，只要以文明论的方式来叙述历史，而且是以欧洲为文明史的楷模和基准，那么，这种历史叙述就必然要创造甚至捏造出一个对立面，即落后野蛮的存在来。以这样的叙述为根基所规划的国家独立和富强的方案，在逻辑上也就必然导致"谢绝亚洲东方的恶友"而步入进步的欧洲这样一种"脱亚论"路线。子安宣邦认为，对落后亚洲的叙述来自福泽谕吉以欧洲文明为典范的文明史话语叙述原本具有的结构性特征。而丸山真男的《读〈文明论概略〉》对此不仅根本没有触及，甚至有意"为贤者讳"，称"脱亚论"为福泽的时事评论性的用语，并没有在当时流行过等等。

三

丸山真男对《概略》的解读还有一个重大的缺失，那就是亚洲视角的缺席。这不仅导致他对福泽谕吉书中"外国邦交"（国际关系）概念的误读，也失去了通过福泽的"脱亚论"路线反省日本近代化国家战略，即一国之独立富强与对亚洲的殖民侵略之悖论关系的可能性。《概略》第十章"论我国之独立"中，在说明独立所面临的"困难之事"时提到"外国邦交"一事，认为这是日本不曾体验过的最大"病患"。丸山真男认为福泽谕吉所说的"外国邦交"，是日本如何积极地加入以西欧国家体系为中心的近代国际社会的问题。而在子安宣邦看来，这种解读无法说明为什么福泽称"外国邦交"为日本之"病患"，原因在于丸山真男始终缺乏从亚洲视野认识 19 世纪东亚之历史变动的意识，"所谓 19 世纪东亚的国际关系乃是一种受到欧美先进各国威逼的关系，是政治、经济、文明上欧洲先进国家与落后亚洲各国的关系。而丸山真男对《概略》的理解始终缺乏这样一种视角。因而，对于福泽谕吉面对欧美先进各国所发的愤怒，丸山真男只将其解释为例外的情绪性表现，对于福泽不断关注殖民地印度状况的视线，也不曾给予理会。最后，对于后进日本所采取的于亚洲首先实现先进国家化，以及脱亚论式的文明国家化的战略，更没有给予真正的理解"。(《福泽谕吉〈文明论概略〉精读》，第 267—268 页)

福泽谕吉正是意识到了 19 世纪东亚中的日本所面临的"外国邦交"上的被动地位和危机状况，才有了对近代民族国家本质特征的透彻认识，并将"文明论"的最终结论落实到了以文明为手段达成一国独立的目的上。在子安宣邦看来，福泽对近代民族国家本质的透彻认识以及在此基础上得出的结论，在当时日本所面临的国际关系背景下自然有其道理。但是，如果用"重叠阅读"的方法，从《概略》提出文明论规划方案七十年后日本国家的悲惨结局来反观福泽谕吉的国家论和战争观，就会看到其中深刻的矛盾和悖论，作为历史文本的《概略》也就可以成为我们重新反思 20 世纪民族国家问题时的思想资源。例如，福泽谕吉认为，近代民族国家及由主权国家所构成的国际社会，其本质特征是由"贸易和战争"这两条原则规定的。如果比照现代一般国家理论和国际关系学说对民族国家的解释，我们不得不承认，一百多年前福泽的国家论和战争观，深刻地触及了问题的本质方面。近代主权国家最主要的特征首先是对"内与外"作出明确的区分。在国内主要依靠"民事"法规以保障市民和平而有秩序的活动，推动商业发展以丰富国民的生活。在国外则依靠“军事”力量保障国家的独立与主权不受侵犯，甚至以军事力量来维护和扩大本国的利益。近代国家间的战争正源于此，即主权独立的国家是可以根据国家利益的需要为发动战争提供合法性依据的。福泽谕吉说“然而，从目前世界的情况来看，没有一个地方不建立国家，没有一个国家不成立政府。如果政府善于保护人民，人民善于经商，政府善于作战，使人民获得利益，这就叫作‘富国强兵’。不仅本国人引以为自豪，外国人也感到羡慕，而争相仿效其富国强兵的方法。这是什么道理呢？这是由于世界大势所趋，不得不然，虽然违背宗教的教义。所以，从今天的文明来看世界各国间的相互关系……则只有两条。一条是平时进行贸易相互争利，另一条就是一旦开战，则拿起武器相互厮杀。换句话说，现今的世界，可以叫作贸易和战争的世界”（此处采用北京编译社《概略》的译文，商务印书馆，1994 年版），可以说，福泽谕吉的以文明为手段达成一国之独立的文明论，即为近代日本所规划的国家发展方案——脱亚入欧路线，正是建立在上述对于 19 世纪国际关系乃至民族国家本质的认识之上的。

问题是，福泽谕吉在上述认识中实际上已经察觉到了其理论的内在矛盾和悖论性，故而才有“这是由于世界大势所趋，不得不然，虽然违背宗教的教义”一句无可奈何的解释性说明。如果说，面对当时严峻的国际环境，福泽所作出的文明论判断和一国独立的抉择，有其“不得不然”的理由而可以理解的话，那么，当我们于 1945 年看到这个文明化国家的规划方案与帝国日本一起经历了毁灭性的后果，日本以天皇制国家为至上理念致使超过二百万的日本士兵死于战争（更何况无数亚洲的牺牲和被害者）；当我们目睹 21 世纪“霸权国家”，依然从“本国的利益”出发，不顾世界和平力量的反对而悍然发动战争（如伊拉克战争），那么近代主权国家间的战争，其合法性连同民族国家的合理性就必须予以质疑。子安宣邦认为，这不是要指责和断罪一百多年前的福泽谕吉，而是前人遗留给 21 世纪的我们必须思考的课题。丸山真男的解读一味为福泽的"脱亚论"辩解，一再以认同的姿态诠释日本所要为伍的西欧"近代主权国家"的体系和内涵，也就放弃了从今天的角度反思"近代性"的努力。实际上，他遮蔽了我们通过福泽文明论而必须去追究的课题，这就是当今日本的出路问题。

子安宣邦在挑战丸山真男的福泽谕吉解读的同时，提出了充满批判精神和思想撞击之内在紧张的另一种有关《概略》的解读方法。由此，我们再一次确认了他 20 世纪 90 年代以来所形成的后现代主义思想史方法论及其独特的亚洲视角，也进一步领略了其强烈的政治关怀和对当下日本的历史批判之尖锐。从他个人的学术历程观之，以 1996 年出版的《近代知识考古学——国家、战争与知识分子》为发端，其针对日本近代知识制度的批判工作，经过十余年的时间，通过《作为方法的江户》《亚洲是如何被叙述的》《汉字论》《国家与祭祀》《日本近代思想批判》以及上面所述《福泽谕吉〈文明论概略〉精读》等相关著作的写作，已经构成了一个井然有序的近代日本知识谱系学序列，它们涉及民俗学、支那学（中国学）、近代化论、历史学、东洋社会论、东亚论、语言学、神道宗教学以及文明史论等等。这个知识谱系是在以西方为典范建立起日本近代国家制度的同时被构筑起来的知识制度，同时，这个知识制度所生产的一整套近代主义话语，作为一个深深影响人们思想心灵的意识形态化叙事，反过来又为日本国家的近代化包括帝国主义侵略战争提供了理论逻辑上的支撑与合法性依据。1945 年日本的惨败给国家制度以致命一击，使社会结构和制度安排不得不发生某些根本性的变动和扭转，但是这个知识谱系作为一个深层精神层面的制度并没有产生根本的动摇。换言之，比起国家制度的变革来，知识制度的革命或许更为艰难。因此，作为具有后现代主义倾向的批判型知识分子，子安宣邦以一己之身和全部知识积蓄，去挑战乃至颠覆这个巨大坚固的知识制度，其反思和批判精神就特别值得关注和敬重。而他对丸山真男那种认同式福泽谕吉解读法所进行的挑战和对抗，正是其日本近代知识制度批判的一个重要组成部分。

四

在此，我想进一步就子安宣邦的思想史方法论做些阐释和发挥，以窥见其全貌。在本文的开篇，我曾将子安对福泽谕吉《概略》的解读方法概括为"重叠阅读"，实际上，这个"重叠阅读"法是建立在子安宣邦更宽广的历史认识基础上的，即以近世四百年来东亚地缘政治变化的长时段历史视角来逼视问题重重的当下日本和东亚，以及在此基础上对一百五十年来日本近代化历程进行整体把握，而这种整体把握又是通过所谓的"历史视线重叠法"来实现的。

在分析日本的文化自我意识觉醒和近代"国学"的兴起过程时，子安宣邦注意到，17世纪东亚地缘政治的大变动是一个重要的因素。他指出："17世纪中期中国从明朝到清朝的王朝交替带来了日本对中国认识的变化，其中有着日本国学话语成立的关键要素。在中国作为异族王朝的清朝帝国，其建立给东亚带来了怎样的政治性波动，还有待于历史学家的研究，但中国的异族王朝的出现使中华帝国传统的权威下降，这大概是确实无疑的。清朝的成立促成了中国周边地区的文化自我觉醒及其对本身独自性的强调。"（《"亚洲"是如何被叙述的——近代日本的东方主义》，第157页）的确，中华帝国的文物制度及其汉字文化在历史上作为东亚秩序的权威中心，包括经济政治上的"朝贡制度"，曾经起到了维持地区内部平衡发展的作用。但明清之际的王朝更迭不仅造成了中国内部传统汉文化的衰退，而且影响及于周围汉字文化圈的各国，促成了它们文化上的自觉意识，并逐渐带来了原有秩序的松动、变易乃至瓦解。正如罗马帝国及其拉丁文文化的衰退，造成了欧洲各国文化上的独立乃至近代民族国家的出现一样，中华帝国的衰退无疑是东亚各国发生近代历史变动的远因之一。如果以此为基点观察下去，我们还可以把朝鲜壬辰倭乱（1592），日本统一武家政权的确立（1603），以及耶稣会进入东亚和英国东印度公司的成立等十六七世纪东亚历史变动的诸多"事件"纳入视野。以四百年长时段的历史视角来观察"近代"，就会看到局限于19世纪"西力东渐""被迫开国"（如西方现代化理论中的"冲击与回应"说）的历史视野所看不到的许多东西。

作为日本江户思想史学者，当子安宣邦把目光转向19世纪以来的近代日本和东亚时，便能够自觉地用这个四百年长时段的历史视角来观察分析和深化其"历史批判"。这种视角不仅有效地应用到了江户思想史的描述中，以及伊藤仁斋、荻生徂徕、贺茂真渊、本居宣长等思想家的研究方面，而且在对竹越与三郎的《二千五百年史》、福泽谕吉的《概略》、内藤湖南的《支那论》，乃至战争期间的"近代的超克"论和京都学派"世界史的立场与日本"等等的解构中，都发挥了积极的作用。由此，子安宣邦对日本近代知识制度的颠覆，就有了广阔的视野和以历史为支撑的深度，这是一般专业学者很难企及的。

五

如果说四百年东亚地缘政治变动的长时段历史视角，作为一个纵向的历史参照贯穿于子安宣邦的日本近代思想批判之中，那么，“历史视线重叠法”则是立体地观察问题重重的当下日本和东亚的横向坐标。所谓“重叠”也就是一种比较和参证，在历史与现实、过去的“事件”与当下的课题的相互重叠中，发现现实问题的来龙去脉，以加强批判的深度和厚度。这样的“历史视线重叠法”，还与知识考古学中谱系学的方法有着某种内在的关联。我们知道，福柯意义上的作为思想史方法的“谱系学”旨在从今天习以为常的思想、观念、认识范式向“断裂”着的历史深处一层层挖掘下去，以查明其出身、来源和被构建的历史过程，以及这一层层“地表”的相互关系，从而颠覆那些不言自明的先在前提，并质疑其理所当然的合法性。当这个“谱系学”的方法运用于透过历史的现实批判时，也便是这里所说的“历史视线重叠法”。而子安宣邦本人把这个“重叠法”又划分成两个，一个是“江户视角”和“亚洲视角”的重叠，另一个是日本战前和战后两个六十年历史周期的重叠。

子安宣邦在《“世界史”与亚洲、日本》（收入《“亚洲”是如何被叙述的——近代日本的东方主义》一书）一文中指出，要考察1850年至2000年这一百五十年间世界史中的日本，分析日本近代的肇始，以及由此与世界发生关系的日本其自我表象是怎样重新创造出来的，就需要把最早由竹内好提出的"亚洲视角"和自己的"江户视角"重叠起来。他解释说：如同竹内好的"作为方法的亚洲"意味着从亚洲出发，并对归结为欧洲近代之胜利的世界史给予批判性反思的视角一样，"作为方法的江户"即是从江户出发，对日本近代史和近代知识构成做批判性反思的视角。更直白地说，"作为方法的江户"乃是从日本近代史的外部——江户来观察近代日本。发自江户的批判性视线自然要与以往构成江户像的近代视线发生严重的撞击。正如"作为方法的亚洲"这一视线要与以往构成亚洲像之近代欧洲的视线——东方主义发生严重撞击一样。当观察"1850年至2000年"的日本时，把"作为方法的江户"和"作为方法的亚洲"重叠起来，将构成有效的批判性视角。这里，无论是"江户视角"还是"亚洲视角"，关键在于它们都是与近代西方的东方主义视线根本不同（严重撞击）的历史视角。而两个视角的重叠则意味着不仅要把"近代日本"这个观察对象放到以欧洲为中心所形成的"世界史"过程中，而且还要从四百年长时段的东亚历史变动背景下和未被西方近代化之前的日本近世历史脉络中加以审视。

　　在这样"重叠"的视角之下，子安宣邦首先提出了与一般日本近代史不同的历史断代新说。他认为，日本近代的肇始应该发生在1850年前后，而不是"尊王攘夷""大政奉还"，即明治维新这一政治事件发生的1868年。作出这样的断代，其依据就是世界近代资本主义体系的确立与亚洲整体历史的变动，都发生在1850年前后。子安宣邦指出，1850年象征着由于欧美发达国家以军事实力要求开埠使亚洲卷入所谓"世界资本主义体系"的时期。一般认为，发源于欧洲的资本主义这一经济、政治体系正是在此时期作为世界性体系得以完成的。在这样的历史时刻，亚洲特别是东亚和日本才开始与世界资本主义体系即“世界史”发生必然的关系，以此为契机而有了日本近代的发端。可以说，由于“亚洲视角”的导入，使子安宣邦关注到1850年的“世界史”意义，从而改变了仅仅从日本自身的近代化过程及与欧美单向关系的视角来阐释“近代日本”肇始的历史叙事。也由此形成了反思、追问“背负着东亚这一地缘政治学上的区域划分的日本”是“如何被组合到世界史中，而不久又是怎样自己积极地参与到这个世界史中来的”这样一种新的问题意识。于是，在《“世界史”与亚洲、日本》一文中，子安宣邦对始于1850年的一百五十年间日本近代化历程作出了新的三个时期划分：

> 第一个时期当然始于1850年。东亚被组合到“世界秩序”中来，通过对“世界史”的历史性体验，日本把自己构筑成近代国家。与“世界史”相关的第二个时期，我认为始于1930年。这是通过参加第一次世界大战积极主动地进入“世界史”、成为“世界秩序”的重要成员的日本，面向世界要求重构“世界史”、重组“世界秩序”的时期。日本作为“世界史”的积极参与者、“世界秩序”的重要成员的时期，我认为一直延续到20世纪80年代。因为，从“世界秩序”重要成员的位置来看世界和亚洲这样的认识图式，即20世纪30年代由帝国日本所建立起来的认识图式，并没有因为1945年日本的战败而得到本质上的改变。从战败到20世纪50年代的战后日本，难道不是应该变化而未曾去改变的日本吗？从1930年到1980年的时期，大致相当于霍布斯鲍姆所说的“短暂的20世纪”，即“从第一次世

界大战爆发到苏联解体"的时期。而第三个转折期即 20 世纪 80 年代，不单单是日本，同时也是这个世界的大转折时期。这个"转折"恐怕意味着"世界史"的终结和新的历史之开始。(《"亚洲"是如何被叙述的——近代日本的东方主义》，第 26—27 页)

这种三个时期的历史划分最关键、最核心的地方，便是把一般认为的 1945 年的战败是日本近代化历程中的重大转折标志的观念颠覆了。人们通常是以"二战"的结束作为标志，强调"战前帝国主义日本"和"战后民主主义日本"的根本区别。但在子安宣邦看来，从日本人对"世界史"关系的认识图式观之，1930 年到 1980 年间并没有发生根本的改变。这一尖锐的观察意味着什么呢？那就是形成于 20 世纪 30 年代的帝国日本对于世界和亚洲的认识图式延续至今，它依然在束缚着日本人对本国近代历史的认识，依然阻碍着日本与东亚邻国的关系修复。子安宣邦明确地指出："对于 1930 年以后日本在世界中的地位的认识图式，虽然经历了战后却由于日本国家没有明确的清算意识因而被暗中维持下来了，难道不是如此吗？对于与旧殖民地和被侵略国家的亚洲诸国的关系，日本国家除了一点儿一点儿地做出关系修复的表明之外，根本没有表示出对其错误的清算和建立新关系的国家意志。由于这种关系修复意识的缺乏，从日本权力机构的高层不断发出有关靖国神社参拜问题，还有历史教科书问题等修正历史的要求。可以说，帝国日本这种具有连续性的要求贯穿整个战后过程而一直由日本国家保持下来了。"(《"亚洲"是如何被叙述的——近代日本的东方主义》，第 38 页)到此，我们终于得以看到，子安宣邦的"日本批判"之所以如此尖锐深刻而发人深思的原因所在了。"历史视线重叠法"不仅深化了他对日本近代思想史的观察，同时也使他看到了现实问题背后，当代日本和帝国日本对于世界和亚洲的认识图式上的连续性，从而加深了现实批判的历史深度。

六

另一个"历史视线重叠法"是将日本战前、战后两个六十年重叠起来。如果说前一个"历史视线重叠法"，即亚洲视角和江户视角的重叠，是站在 2000 年这一时刻来回顾东亚及日本的"近代"而提出的一个思想史视角，那么，两个六十年的重叠则是立足此刻，即 2005 年这一当下的时刻，面对日本在东亚外交上四面楚歌的被动局面，以及国内保守政治势力上升的严峻状况，而提出的一个"真实政治"批判的视角。两个"重叠法"目的都在于通过现实和历史的视线之交会和重叠，来透视当下问题的来源，激活其与历史的深层联系，从而确立起"现实政治批判"的稳固基点。本来，历史时期划分并非目的也不是一成不变的认识框架，重新提出与以往不同的历史分期自然可以提供新的认识视角，甚至可以暴露出以往的分期所遮蔽的历史背景和问题所在。

2005 年 7 月，子安宣邦在《两个六十年与日中关系》的讲演中初次提出了两个六十年重叠法（这个讲演曾在中国清华大学宣读，中文翻译文本载 2005 年《读书》杂志第 10 期）。这里的"两个六十年"，指的是从明治十四年（1881）通过政变确立萨长藩阀权力统治，并选择普鲁士式君主立宪的天皇制国家而由此开启了日本帝国的征程，到昭和十六年（1941）太平洋战争爆发的整整一个甲子，和 1945 年至今所构成的另一个六十年周期。将两个六十年重叠起来思考，首先使子安宣邦感到"对于见证了帝国日本六十年之终结的我们这一代人来说，战后日本六十年的终结更给予我们一种暗淡的预感"。就是说，帝国日本六十年的历史终结于 1945 年彻底战败的灰烬之中，但彻底失败反而给日本国民带来了起死回生和再造民族历史的机遇，于绝望的深渊中得以看到些许希望之光。这对于当时还是中学生的子安宣邦来说，应该是刻骨铭心的了。然而，战后六十年即"55 年体制"的终结，带给人们的却是整个日本国家失去方向，在"历史认识问题""靖国神社问题"和与东亚邻国外交关系上团团打转这样一种严峻的局面！那么，问题出在哪里呢？在子安宣邦看来，问题就在于"日本的战后过程，实际上完全是依存于日美安全保障体制的，只不过自己标榜和平主义国家的立场而已。其实，所谓的战后过程正是日本实现经济大国化的过程。更需要补充的是，日本现在能够成为一个大国，在于它拥有处于世界前茅的自卫队这种军队，同时在远东把最重要的军事基地——冲绳提供给美国"。结果，日本的战后体制便存在于下面这样一种现实与认识的乖离错位之中：一个明言基于宪法的和平主义国家且自己也如此认为的日本，同时又是一个经济上世界第二的大国和霸权国家美国在亚洲最有力的合作者，以及作为美国在远东最重要的军事基地的日本。

在对日本战后体制作出以上判断之后，子安宣邦注意到，这种现实与认识上的乖离错位，使战后的日本人与战前的帝国日本在意识上保持了一贯的联系。这个帝国意识在战后作为大国意识依然存在于日本人认识世界的思考构架之中，从而阻碍了其与东亚各国从根本上建立起共生关系，并在亚洲找到自己新位置的努力。结果是"中国、韩国与日本国家关系的恢复总因有被搁置起来未解决的问题而具有不确定的性质。虽然国家层面上经济优先的关系恢复在先,但国民层面的相互和解问题依然没有得到解决"。可以看出,子安宣邦对当今日本与东亚关系的诊断是相当深刻的,而两个六十年的重叠法无疑是使问题的复杂性得以呈现的有效的批判视角。

了解到上述子安宣邦那阔大的历史视野,即以近世四百年来东亚地缘政治变化的长时段眼光来逼视问题重重的当下日本和东亚,又对一百五十年来日本近代化历程给以整体把握从而形成的"历史视线重叠法",我们再来阅读他的这部《福泽谕吉〈文明论概略〉精读》,就将会对其问题意识和作为批判型知识分子的立场,有一个更加深入的理解。

2008 年 10 月
于北京太阳宫寓所

《劝学初篇》与《文明论概略》

广田昌希

　　福泽谕吉（1835—1901）乃日本近代最重要的启蒙思想家，其启蒙思想的真髓集中体现在 1872 年的《劝学初篇》（以下简称为《初篇》）与 1875 年的《文明论概略》之中。《初篇》是一部记录了日本启蒙思想之起点的杰作，《文明论概略》则描述了该启蒙思想的凋零，但也是日本最初的文明论之名著。在此，笔者试图通过这两部著作来探讨福泽谕吉的思想，描绘其意味深长的演变轨迹，以及近代日本的走向。

一

　　《初篇》利用 18 世纪启蒙思潮的自然法思想来强调人类的自由平等，主张应通过理性主体的形成来塑造文明人，并试图在西方文明之中寻觅这种模范。其主旨乃在于，站在原子论式的国家观上，提出"一身独立则一国独立"，即独立、理性的个人集中起来自立奋斗，国家也方才得以独立的命题，并主张为此必须学习西方学问。

　　《初篇》于 1872 年刊行，迅即成为畅销书，拥有了众多读者。福泽趁热打铁，继续写了第 2 篇、第 3 篇，一直到第 17 篇，但其主要思想则已浓缩在《初篇》里面。因此，在这里主要以《初篇》

为中心来进行讨论。笔者推测，包括盗版在内，《初篇》发行也许足足超过了五十万册。当时日本人口大约三千万，亦即每六十人当中就有一人持有此书。并且，当时流行传阅、朗诵讲解的读书习惯，实际读者数量应该更多，可见其影响之大。其中开篇第一句的人类平等宣言"天不造人上人，亦不造人下人"，给了彼时艰难脱身于封建制度的人们巨大的勇气和希望，日后更是成为了脍炙人口的名言。

但是，这句话的全文却是"据说天不造人上人，亦不造人下人"，使用了"据说"这种表传闻的句式。研究界一般认为此句采自1776年的美国《独立宣言》。换言之，乃来自西方18世纪启蒙思潮的平等思想。然而，美国《独立宣言》诞生之际，美利坚合众国依然承认奴隶制，故其实质意义仅为白人之间的平等。尽管在1863年林肯的《奴隶解放宣言》之后，形式上认可了黑人亦应当被视为人类来对待的权利，但对黑人和印第安人的人种歧视一直延续至当代。无论如何，对于福泽而言，包括林肯的《奴隶解放宣言》在内，这些都意味着包含黄色人种日本人在内的全人类的平等。

美国《独立宣言》写着"神平等造人"，而福泽却把"神"表达为"天"，这也许是为了更易为日本人所接受之故。这里的"天"乃儒教式的"天"，乃日本庶民所说的"天道"之"天"。因为按照他的思考，西方的"神"如果限定于通过普遍真理公平掌控宇宙的绝对之神，则在此意义上，"天"便与其相通。换言之，他把人类平等这一命题作为普遍的、绝对的真理提示了出来。这便是当时的"天赋人权论"。于是，由于上天赋予了人类独力构筑理性生活的能力，故必须通过学问来磨炼理性，独立自主。这种学问便是"能为日常所用的西洋实学"。而且，"勤于学问通晓物事者则成贵人、富人，不学无术者则成穷人、下人"。这就成了贫富贵贱皆定于学问的学问万能论了。这种夸张的表达乃源于福泽试图强调学问的重要，并且对于不曾与西方文明交流过的日本人而言，通过学问（书籍）来摄取实为唯一的捷径。

通过西学而"一身独立"塑造合理奋斗的自由独立之国民——这便是福泽所呼吁的课题。但在"日本只有政府而无国民"的状况下，国民的形成是一个问题。福泽认识到，文明社会乃是理性贯彻的世界，个人的独立带来的是自然和谐的发展，而非个人之间的矛盾、对立。这种国内的"一身独立"逻辑，直接就扩展到了国家间的"一国独立"思想。"一身也罢一国也罢，基于天道，自由不羁。"因此，"一身独立则一国独立"，必须对抗西洋谋取日本的独立。对外，"遵从天理人道，交流合作。若为天理，非洲之黑奴亦须敬畏；若为人道，则英美之军舰亦无所惧。倘遇国耻，日本国人，全民舍身，扬国威光，此方可称之为一国之自由独立"。

福泽能够如此慷慨陈言，乃由于他视当时之明治政府为主导文明开化的权力方。1871 年 7 月，明治政府通过废藩置县统一全国，提出"四民平等"，全面展开了文明开化政策。对之前的攘夷思想怀有不信任感的福泽，当然欢迎政府这种姿态，遂判断"日本国内奉明治年号者，已是遵政府之法缔结契约之人民"。他认为今后有赖于国民之奋斗即可的想法，也可以说是来源于对政府的这种支持。

丸山真男高度评价了福泽立足于实学的对独立精神之提倡，认为"福泽自始至终所力倡的，乃是人民在经济、学问、教育、宗教等领域多样的、自主的活动"，并且从中发现了近代合理主义精神的成果。(丸山真男《解题》,《福泽谕吉选集》第 4 卷,岩波书店)另外,就福泽"遵从天理人道,交流合作。若为天理,非洲之黑奴亦须敬畏……"的观点,他认为其体现了"对于福泽的民族主义,不,对于日本近代民族主义而言,美妙但却薄命的古典均衡时代",从而赞不绝口。丸山在日本"二战"战败后的民主化动向之中寻求日本民主主义的传统,因此对福泽怀着过度的移情,这也许应该加以谅解,但今天回顾起来,我们却不得不对最根本的地方投以怀疑的视线。

首先是"一身独立"的问题。这种观念要求通过学习西方近代科学使生活得以独立,在此范围内,呼吁彻底破除那种依存封建身份制度、在权力之下卑微生活的态度。我们可以指出,这虽然意味着新的人类解放,但也否定了日本的历史、传统,无视日本民众自古培育起来的对生活自立的努力,倾向于重新依赖西方近代科学成果。以百姓起义为主的民众运动、民众宗教,安丸良夫所说的通俗道德实践等,都被福泽否定了。以下文字可以看出这点:

> 世间文盲之可哀、可憎,尚有出其右者乎?无智之极,便至无耻。因无知而深陷贫穷,饥寒交迫之际,不罪己而怨旁侧之富人,更甚者纠结徒党,悍然起义暴动,正可谓不知耻,不畏法……治此愚民,倘无谕理服之之手段,唯有以威使其畏之。

在这段文字中,我们应该注意几点:(一)"贫穷"是当事人的责任,即自作自受。"贫穷"的产生,当然有当事者本身懒惰的原因,但还有权力的掠夺、商品经济的陷阱(不景气、高利贷等)、自然条件等各种因素，如果全部把其归咎为自作自受，难免有虚伪之处。这里还涉及一个父母遗产的问题。人并非生而平等，出生时已因父母而产生了贫富贵贱的差距。明治政府虽然废除了身份歧视制度，但经济地位上的鸿沟依然存在。法国大革命尽管由于土地革命而有其不充分之处，但作出了某种程度上的改善。而日本抛开武士俸禄的废止不论，父母的经济能力左右儿女状况的体制并没有得到改变。（二）就是"倘无谕理服之之手段，唯有以威使其畏之"这一点。这里可以说非常明显地体现了启蒙主义的暴力性。启蒙主义的使命乃是通过理性之光照耀无知蒙昧的民众，而这种理性是普遍的、绝对的真理，所以与其背道而行的人便无理性，或被视为劣等人，或被看作不配当人的存在。这样的存在可不择手段地来对待。（三）另外，这里没有明确提及应该如何防止启蒙主义逻辑带来的暴力性，应该采取什么对策。当时以福泽为首的启蒙思想家们所提出的自由平等的主张即"天赋人权论"，并非意味着现代所讲的基本人权。基本人权乃是应该得到社会性保障的权利，而"天赋人权"仅是作为自然权利被提出来的，它应该在何种政治、社会系统当中获得保障和发展则另当别论。福泽在第二篇当中，提到生命、财产、名誉，说明政府应该保护这些权利。但是如果按照他的自作自受逻辑，则无须正常地、平等地对待那些无法"一身独立"的人。不仅对"无学文盲的民众"，对残疾者、病患者等都只需追究其个人责任即可。我们从现代基本人权的高度去要求福泽，当然是徒劳的。但问题是当人类的基本生存权利受到侵害的时候，福泽的启蒙逻辑在多大程度上可以实施有效的反省作用呢？从这点来看，不得不说其学说中还是有非常不成熟的地方。这种不成熟可以说来自他过度信赖明治政府的文明开化政策，从而采取了"统治契约论", 而非"社会契约论"。

还有那段作为民族主义表达而被丸山真男高度赞扬为"古典均衡"的"若为天理, 非洲之黑奴亦须敬畏……"的文字。把世界上最弱势的非洲人 (连国家都没有) 与世界上最强大的国家英美放在两个极端, 提示了贯通两极的"天理人道"的绝对性。如果我们姑且不追究其使用了"黑奴"这一蔑称, 这确实是一篇均衡的美文。但是, 丸山对这一美文后面的段落则视而不见:

> 然若支那人, 视其国外无国……自不量力, 轻妄驱逐外人, 反受外人所施之苦。此一结果, 实因不知国之实力而致。喻之以人, 则如不达天然之自由, 陷于任性放荡者也。

我们可以把上文理解为: 福泽把清朝国策视为攘夷主义, 混同于幕末日本的攘夷主义, 从而对其进行了批判。但是, 从当时日本知识分子的常识出发, 中国驱逐外人最有名的事件是鸦片战争, 无论何人都会联想及此。这一事件乃因英军破坏"天理人道", 强迫清政府认可鸦片进口而起, 对此, 以林则徐为首的清军进行了果敢的抗战。福泽后来在《全集序言》中, 谈到"倘若以理谈判, 欲停引进 (鸦片), 对此贻害他国之事, 英吉利断无不睬之理", 然而, "林则徐此一无谋既莽者出", "激怒"了英国。所以, 他断言这是中国的"自作自受"。在此, 福泽把"天理人道"的问题偷换为政治手段的问题, 把林则徐批判为"不计国力", 归根结底是把英国视为始终讲求文明道理的国家。而就在前面的美文当中, 却还写着"倘遇国耻, 日本国人, 全民舍身, 扬国威光, 此方可称之为一国之自由独立"。在国家耻辱面前,"不计国力"而战斗的气概就包含在"舍身"这一表达里面。另外把无力之"非洲黑奴"放在比较的另一端使其意义也显得栩栩如生,但在此这些问题却完全被忽视了。当然,这里确实有着如何抵抗占有压倒性优势的西方列强这一难题,可是在面对欧美列强违反了"天理人道"的帝国主义侵略的时候,民族主义如何抗争这一问题在福泽和丸山那里都被绕开了。帝国主义批判的视点被抽离了。至少,从中可以看到这样的特征,即他们没有把该问题视为亚洲整体的课题,而仅仅当作了国内的问题。对于福泽而言,日本日后只要成为与西方列强并肩的文明国则可,因此,"天理人道"便存在于西方文明当中了。换言之,由于后面接着的一句话,那段美文便丧失了其骨架。但是我们应该注意,其"不计国力"的视角,也是后来他扩展"实力即正义"(might is right)导向的萌芽。

综上所述,《初篇》是一本有着两面性的著作。一方面,它是以西方 18 世纪启蒙思想为基础讴歌人类的自由平等,唤起了日本国民之独立精神的杰作,但另一方面又显示了对拒绝西方文明者(无知的日本民众及亚洲诸国)的蔑视,以及欲使之屈从的特征。

二

福泽的《初篇》之所以能抓住人心,乃因其不仅顺应了时人的解放愿望,且明确昭示了前途目标。这也是他的人生奋斗轨迹所产生的效果,非常有说服力。

福泽作为次子出生于九州中津藩的一个下级武士家庭,两岁丧父,之后便在母子环境中长大。长兄三之助十岁时继承户主权,成了城中武士，故福泽少年时期几乎都在家里和母亲、姐姐两人一起度过。根据他的《福翁自传》，一家团结在母亲周围，帮忙料理家务，打工赚钱，过着贫穷的生活，并想早日出人头地以报母恩。他在留学之际向母亲说道："不管如何都会勤奋修炼，以成大器。……无论发生什么，我都不会腐朽在中津。"（《福翁自传》）此外，他通过家务上的帮忙，经历一般武士们所轻蔑的日常生活，这对他后来养成现实的合理主义思想发挥了很重要的作用。

1853年佩里"黑船来航"给日本社会带来了极大的冲击。随着"攘夷论"的高涨，为了对抗西方列强，有必要进行武力上的整备，这同时也给日本学习西方带来了某种机遇和风气。随着这种风气，福泽抓住了去长崎、大阪学习的机会，专攻兰学。其间长兄三之助病亡，他必须继承户主之位，但念及就算为了世俗成功也必须学好兰学，故向中津藩申请延长学习期限，在大阪适塾掌握兰学，到江户当了藩属专聘的兰学教师。但是他在江户发现了学习英语的重要性，从而向英美学问转向。1860年，幕府首次派遣赴美使节团，福泽作为随从，乘上了与使节团船只并行的赴美船"威临"号，首次访问了美国。之后的1862年他跟随赴欧使节团、1864年跟随赴美使节团，一共三次出行海外，通过在当地对西方文明的刻苦学习，他对欧美的识见深化到了即便在当时日本的西学学者之中也被视为最高水准的程度。

但是，对于使节团里的众多上级武士而言，访问欧美带来的仅是置身"夷狄"世界的不愉快经验：西洋人无视上下身份之别，不通礼节，男女猥亵共舞的风俗寡廉鲜耻，食物不合胃口，难以居住。更主要的是，西洋世界在他们眼里成了一个足以否定日本封建社会的既危险又野蛮的世界。他们是通过攘夷思想来看待西方的。

与此相反，在身份制度下无法发挥能力、饱受压抑的下级武士，在这种仅靠能力即可出人头地的自由平等世界里获得的体验便成了他们打破攘夷思想的武器。使节团里的下级武士大多开始憧憬欧美世界，后来写出"门阀制度乃杀父之仇"的福泽便是其中一人。另外，他跟随赴欧使节团乘坐英国军舰中途经过亚洲国家，在停靠港口多少接触到了亚洲各国的实际情况。尽管也看到了西方列强的帝国主义侵略之实情，但由于他的观察多立足于英国军舰的立场，故带有与英国军人同样的视角。在香港停靠时，福泽用蔑视的眼光观察了在港中国苦力的悲惨状况。"香港土人，风俗极其鄙陋，全为英人所役。"（《西航记》）此外，福泽曾在巴黎与留欧三年的中国自费留学生唐学损（据说是清朝恭亲王的满名）交谈，在文中感叹了清朝留学政策尤比日本脆弱。

福泽在 1860 年渡美后被幕府外国方（幕府设立的外交机构——译注）所雇用，翌年与中津藩高官之女——名叫锦——结婚，赴欧后更是被提拔为幕府直参（将军的直属家臣，俸禄为一万石以下——译注），从此走上了飞黄腾达之路。但是，1866 年向幕府提交的《关于复兴长州的建议》遭到冷遇，且也许由于此事，福泽卖掉了武士视为灵魂的佩刀。翌年赴美后由于行为疏忽，受到幕府要求谨慎的警告，从此他开始对自身的前途以及幕府命运抱以怀疑。实际上，不久幕府就被迫作出了大政奉还（把政权交还天皇朝廷——译注）的决定。

福泽在这种动荡的政治情势下，一边说着"无论如何，时势所致，诚惶诚恐，小生之辈实非论世之身份，唯有谨守本分，专心读书"，一边开始行动，为自己的生计作出相应对策。他在从事出版《西洋事情》等著述、翻译活动的同时，借款千两，购买大名宅地，建设私塾校舍，1868 年 4 月，开办了庆应义塾。他拒绝来自幕府和中津藩的资助，也回绝了来自明治政府的邀请，在庆应义塾开始奠定自己"一身独立"的基础。"如今在此举办会社，开创义塾，与同志诸子共同切磋研究，从事洋学，事本不在余，公之于天下，不问士民，凡有志者，皆望来读。"（《庆应义塾记》）如此呼吁的庆应义塾，在当时采用的是学费制度。之前，日本学校仿照中国，一般仅收取低额的、不稳定的"束脩"（弟子入门时的礼金）。而福泽舍弃此法，在日本首次采取了学费制度。此乃仿照西方，试图通过学费稳定义塾的经营。当时幕末混乱，其义塾当中也不免有"水泊梁山"的状况，但还是"学校纪律采自彼方（西洋）"，建立了有规则的学习系统。另外，他甚至还改变了自身的生活态度。在给朋友的信中写道："承阁下所知，私下余亦颇为贪杯，但近来渐学西洋书籍，依其所说，始思吾人在世之职分，除修德、开智、俭约外，再无他事。"如此一来，福泽便从"读书度世之一介小民"认识到了"专于一身之文明，胜于一世之文明"。他的自我变革，后来又发展到"当务之急，首应搁下文明开化之论，以开民智。……倘下不求之，则上亦难施之"，由此产生了对启蒙活动的强烈热情。

正是福泽以上这番奋斗，成就了他理解西方文明的基础。他对"一身独立"的呼吁，也正是通过其自身的变革而最终达成的，更使其获得了强大的说服力。他通过自身的学问在经济上取得自主独立，创造出了无需藩、幕府或明治政府支持也可存在的局面。尽管只是下级武士，但他的奋斗依然是以武士阶级身份为基础的奋斗，他的"一身独立"是通过这种特殊奋斗再加上对西洋之学习而实现的"一身独立"。他在庆应义塾开张时说："我非学校之先生，学生亦非我门人，此皆可统称为一社中人（指同一结社的同仁。乃福泽对庆应义塾的教职工、学生、毕业生等人的称呼——译注）。"这虽然是在试图思考同仁社会的问题，但依然没有成熟到足可称之为市民社会的程度。所以，个人才会直接与国家相联系，"一身独立，则一国独立"。进一步讲，对于被共同体严重束缚的民众，或者通过共同体互助维持生计的民众，乃至更加贫穷的人而言，福泽所谓"一身独立"的方法，不得不说存在着无法适用的问题。《初篇》本身的两面性，正好反映了福泽自己的抗争方式。

然而，《初篇》问世三年之后，《文明论概略》出版了。福泽在其《序言》之中讲到该书的抱负，即我们处于与西方文明异质的文明之中，所以在被西方文明挤压的今天，我们必须重新创造文明，该书欲探讨的便是这样的文明论。这已经不同于《初篇》中那种乐观的西方文明引进论了。

这三年间，福泽体验了各种各样的刺激和危机感。他以《初篇》受好评为背景，致力于活跃的启蒙运动，不断推出《童蒙教草》《改历辩》《文字之教》等启蒙书籍，在"明六社"创办之际也主动协助，并且认为"当今我国之急务……乃在于增进农村之财富"，从而创办《民间杂志》，显示了他对农村、地方现实的关心以及启蒙民众的意欲。这些地方确实反映了他斗志昂扬的一面。"明六社"是聚集了当时一流西学学者的结社，但其成员大半是政府官员，所以标榜"一身独立"的福泽批评他们缺乏独立精神，试图促使他们作为文明人自立。这些都明显体现了福泽的自信和启蒙意图。

然而，1874年1月，板垣退助等人向元老院提交了设立民选议院的建议，以此为导火线，批判专制政府与提倡自由民权的声音顿时响彻全国。板垣乃前参议，建议的其他签名者中也有政府的前高官，当初福泽视他们为政府的同类故对其行动的支持并没有太大动摇。但随着该风潮蔓延全国，各地民权结社纷纷成立，2月份甚至还在佐贺发生了武士试图守卫自己特权的叛乱。福泽一贯支持政府的文明开化政策，并认为在其基础上可以达成"一身独立"，故必然对这种破坏秩序的动向抱有危机感。据说他开始考虑写作《文明论概略》就是在该年3月，所以可以说是这种危机感促成了他的执笔。

另外给予福泽更大冲击的是同年5月母亲的去世。对于幼年丧父的福泽而言，母亲是其自我形成的核心，母亲的死亡应该唤起了他对年轻时的种种回顾和反省，并且也许导向了对历史的重新发现。民权论的扩散，士族的叛乱，都是他不曾预料到的。还有他的《楠公权助论》受到了社会的激烈责难，也让他必须从正面去重审现实，并转向历史学习。在这个时期，福泽精读了巴克尔的《英国文明史》、基佐的《欧洲文明史》、新井白石的《读史余论》等书，似乎正在满腔热情地为新文明论的"始造"而努力。他试图寻找的方法之一就是如何从《初篇》中转身出来。

福泽的努力尽管历史性地揭开了日本文明的病理或可能性，指出了西方文明的伪善性，但最终仍无法突破西方文明的框架。或者不如说，他通过自我限定理性的界限，让启蒙逻辑零落成泥了。福泽代表了日本启蒙主义的历史，但却在从《初篇》到《文明论概略》这短暂期间来不及成熟就燃烧殆尽了。也许可以说，这里就存在着近代日本的不幸。

三

《文明论概略》由十章组成，在其序言中，福泽把"文明论"

定义为"集天下众人之精神发达于一体，论析此一体发达之说"。《初篇》以个人独立为焦点，在此则试图把"个人"视为"一体"之物来展开议论，在思考方式上体现了一种从原子论式国家观到近似于有机体式国家观的转换。"众人"有偏差而非一致，其"精神发达"虽不能至全体，但仍可期待。他尝试思考的乃是日本的国民精神。

第一章是"确立议论的出发点"，亦即讨论思考事物时的基本态度。文章指出，事物的轻重、长短、善恶等是相对的，相形之下方可断言。应该在比较之后把最重要、最根本的问题当作"本位"来思考，不过，"本位"有时会因人而异。特别是"古来文明之进步，其初无不发轫于所谓异端邪说"，而只要看看明治维新引起的激变便可明白"昔年之异端邪说已成今世之通论"。因此，"学者大可不必忌惮舆论之喧哗、异端邪说之毁谤，奋勇直言心中所思即可。……切忌以己范畴笼络他人之说，勿持一统天下言论之念"。福泽这些观点即使在今天，仍然值得我们探讨。

关于"本位"一词，福泽提出："敢以一言问天下。如今之势，前进欤？后退欤？前进以遂文明欤？后退以返野蛮欤？一切皆在进退二字。"言外之意亦即应该把推进文明之事视为"本位"。

在第二章中，文明的发达被分为"野蛮""半开化""文明"三个阶段，且把日本定位为"半开化"阶段，西洋定位为"文明"阶段。立足于这样的历史观，福泽批判了主观的攘夷思想和盲目的西洋崇拜，他把世界各国定位于各自的发展阶段，同时也客观地认清了自己国家所处的位置。但是这种阶段乃相对的，"文明乃无限发展之物，不可仅满足于当今西洋诸国之标准"，只是由于西方诸国位于今日人类所抵达之最高点，故日本亦只能"以西洋文明为目标"。因为"文明非一死物，乃活动前进之物，活动前进者必历经顺序阶段不可"。这里体现了一种必须经过西洋文明发展阶段方能前进的发展阶段论。之前的宿命历史观被打破了，日本首次出现了人类可以创造历史，并傲然称许人类在历史中的能力和主体性的进步史观。但是，这也意味着若不经历西洋文明，则通往更高文明之路便会被提前封闭。这样的发展阶段论，把《初篇》中普遍、绝对的西洋文明相对化了。在此意义上，这是一种重大转变，而且它作为日本首次对发展阶段论的介绍也值得瞩目，但是我们不能忘记，同时也由于相同的理由，这里又会产生被束缚于西洋文明之上的思考逻辑。福泽一边决意"始造"新文明，一边又自己缩窄了这条道路。

接着第三章论证"文明的本质"。"所谓文明，乃指人类安乐与品位之进步。而欲获取安乐与品位者乃人之智德，故亦可称之为人类智德之进步。""人类目的仅在于达成文明一事。欲达此目的，必取诸般手段。随试随改，历经千百试验，方得些许进步。……天地初开迄今为止，或可称之为试验之人世。"这些表达还是在提倡发展阶段论，仍含有一种极其宽阔的自由感。但是，此处"手段"作为一个非常重要的概念出现了，亦即只要对达成文明有好处，君主制也罢，共和制也罢，都是"手段"，无论何者，皆可用之。第一章的价值相对主义和对"讨论之本位"的强调，在此愈发鲜明起来。

关于推进文明的"智德"，在后面的第四章到第七章中有详细的论析。"智"与"德"不同，但"德义依照智慧之活动，可拓广其领域，可发挥其光芒"，故"智"更重要。福泽把重点放在"智"上，就大众精神之发达进行了考察，在此范围内发挥了启蒙精神的本质特色。

福泽要强调的是：第一，"众论非定于人数，乃依智力厚重分强弱"，"提倡国论，可称之为众说者，皆为中人以上智者之论，其他愚民唯有雷同之说，不出其范围，更不敢逞一己之愚"。而在《初篇》中，理论上要求全体社会成员都须具备理性（学问），因此才有了对"无知文盲"的激烈批判，但在《文明论概略》中，文明变成了"中人以上"者的理性的问题。在当时的日本，尚无"中人"亦即成熟的中产阶级，而福泽接受了西方的中产阶级论，试图对应在日本的武士阶层上。但在肯定由"中人以上智者之论"来指导国论的基础上，且视"精神发达乃一体之物"来思考文明发展的话，就意味着丧失了对"中人"以下之愚民大众的启蒙意识。第二，"人皆有智力，然若无习惯使其集合，则无以成众论之形态"。亚洲本无西方"众议"之习惯，此差异才是产生亚洲之停滞的原因。具体乃何物？且看第八章。

在第八章"西洋文明的由来"中，福泽简要介绍了基佐的《欧洲文明史》，他认为西洋文明的特征在于"诸论并立，互不妥协一事"，亦即各自主张，互不相让，尽管争论激烈，但彼此无法以己论支配，只好认可他论之存在。"诸元素"自由活泼地展开使得文明不断发达起来。百家争鸣方是文明发达的原动力。产生自由、自主权利和精神的理由就在这里。"西洋文明乃人类交往，诸论并立，然渐渐相近，终成一体之过程间仍可自由存在之物"，"文明自由不可花费其他自由购买。文明仅存于容许众权益、获取众利益、采纳众意见、激活众力量，且彼此平衡之间。或亦可说，自由乃诞生于不自由之际"。

但是，这种百家争鸣难道不是仅限于西方文化框架之间的百家争鸣吗？例如，与伊斯兰文化圈或者中国文化圈诸种元素进行的自由争论得到许可了吗？这种自由争论也许没有得到许可，但不可否认，西方文明本身就是与其他地域文明进行交流的产物。然而，福泽似乎没有预想到这一点。

接着，第九章以"日本文明的由来"为题，通过与西方文明的比较展开了对日本文明的批判。这是迄今《文明论概略》中受评价最高的一部分，亦即"比较吾国文明与西洋文明，其异趣所在，看其对权力之偏重即可。日本对权力之偏重，普遍浸透于人际之间，无所不在"，而且"非但政府，不得不谓此乃全国人民之风气"。福泽非常明快地指出了日本社会精神结构的病理，且认为这种偏重权力的风气不仅在日本，在非西洋世界、在整个亚洲都是共同的现象，成了文明停滞的原因。这当然是一种亚洲停滞观。

福泽尽管不是非常乐观，但他仍然认为日本文明不同于中国，尚存在突破的可能性，亦即日本士族拥有"活泼果敢之元素"与"智力"，百姓商人拥有"节俭勤勉之元素"及"理财之力"，只要进行对等的相互交流，彼此结合，便有可能获得文明精神。

第十章为"论本国之独立"。他视"外交乃吾国一大难病"，现在直面此危机，须把"讨论之本位"定为"本国之独立"。直面现在的对外危机，"国体论、耶稣论、汉儒论皆难以维持人心。然如何处之？唯有确定目的迈进文明一途。此目的为何物？……今之日本国人迈进文明，仅为保存此国之独立也"，"国之独立乃目的也，国民之文明乃达成此目的之术也"。"讨论之本位"由"以西洋文明为目的"滑向"本国独立"，于是"独立"变成目的，而"文明"则成了手段。

那么为了达到"独立"需要什么样的众论呢？那就是"报国

心"。所谓"报国心",则指"非为一人之身而私,乃为一国而私之心。……一视同仁四海皆兄弟之大义,报国尽忠建国独立之大义,两者不可兼容也"。也就是说为了独立,"为私之心"不可缺少。所谓"为私之心"则是自我中心主义。为何需要这种自我中心主义呢?"忧国之赤士,不可不博大见闻,体察世界之古今事迹。今日之美利坚,本乃谁之国也?印第安人者,本为其主,却遭白人驱逐,如今岂非主客颠倒也?……支那国土广阔,欧人尚不得进其内陆,仅觊觎于海岸周边,然推察日后趋势,支那帝国亦不过欧人之田园也。欧人所至之处,土地产力断绝,草木亦难成长。更甚者,惨遭人种灭绝之灾也。"总之,面临如此弱肉强食之帝国主义状况,日本也只不过"东洋一国"而已,故"不得不担忧后日之祸"。但是,福泽所说的"各国交际,应遵守天地公道"又是怎么回事呢?如果依照天地公道可以相安无事的话再好不过了,但回顾历史,则可发现现实并非如此。因此,只能"以本国独立为目的,以文明为手段"了。他说,"皇学者流之国体论,不足以维系今日之人心,亦无法导引国民品行以入高尚之域",但"虽言国体论之顽固大不便于民权,然却大有利于稳定今日政治中心,维系行政秩序",亦即"君臣之道义、先祖之由来、上下之名分、本末之差别等,本乃人类品行之高贵项目,若为文明之手段,则无理由一概排斥之"。如此一来,《初篇》中被当作妨碍"一身独立"的封建糟粕而否定的身份制度也得到了容许。福泽通过变文明为手段,把文明相对化,认可了甚至与文明相违背的东西。"文明即手段"的逻辑消除了"四海皆兄弟"与"尽忠报国"之间的紧张感,也卸除了对"手段"的控制,为了目的则可不择手段。并且我们有理由怀疑,难道"目的"本身不会被任意地规定吗?因为"本国独立"这样的

"目的"，一如后来的日本所为，屡屡被用在以"本国防卫"为名的"他国侵略"上了。

"遵从天理人道，交流合作。若为天理，非洲之黑奴亦须敬畏"，《初篇》中被如此高调讴歌的带有"美妙但薄命之均衡"的民族主义，在此被颠覆了。福泽怀着"始造"新文明的意欲写作《文明论概略》，也许由于某种焦虑，他并没有走向利用历史思考来深化启蒙思想的道路。而由于第十章颠覆了从第二章到第九章的启蒙逻辑，"始造"不成，反而为崭新但又熟悉的弱肉强食之帝国主义扩张吹响了进军的喇叭。

四

有两本优秀的著作对福泽的《文明论概略》作出了精致的评论。分别是丸山真男的《读〈文明论概略〉》（岩波新书全 3 卷，1986 年。以下简称为《读》），以及子安宣邦的《福泽谕吉〈文明论概略〉精读》（岩波书店 2005 年。以下简称为《精读》）。丸山从现代主义的立场出发，子安从后现代主义的立场出发，都抱着严肃的现代课题，详尽地解读了福泽。两者都高度评价了《文明论概略》对日本文明的批评，但《读》却受到了《精读》的严厉批评。此中涉及论点繁多，在此笔者想集中到如今争议最大、最核心的与《脱亚论》相关的议题上来进行讨论。

《精读》如此批判道："丸山真男的《读》带有试图为福泽辩解的强烈色彩。但是为福泽进行辩解、解释，则会岔开、遮蔽我们必须与福泽一同直面和思考的问题"，"《脱亚论》并非仅关系到明治十八年这一时期内福泽的言论，更多是定位于西洋文明的'文明论'或曰'文明化'本身所具有的性质"。笔者赞同《精读》的批判，在此根据《文明论概略》的结构，沿着福泽后来的思想发展，作一些补充。

福泽的《脱亚论》发表于 1885 年，是《文明论概略》十年之后的文章。丸山真男认为《脱亚论》是福泽一时的错误，并非根本的问题。近年来，还有研究指出，《脱亚论》并非福泽所写，它仅是发表在他主持的《时事新报》上的一篇匿名社论，《时事新报》的匿名社论大多出自福泽之手，但其中也有许多他人之作，《脱亚论》便是其中的一篇。对此，子安认为，其实福泽的文明论从《文明论概略》开始就带有"脱亚论"的特质了。但笔者的观点则是，福泽的"脱亚论"特质在《初篇》中已可找到踪迹。前文已指出启蒙主义背后挟裹的暴力性，这点在西方世界也可以发现。不过西方成熟的市民社会起到了某种缓冲作用，而像日本这样的"落后国家"，市民社会尚未成熟，这种暴力性就会强烈地表露出来。这既针对违背启蒙理性、真理之存在的暴力，即针对国内的无知蒙昧大众，也针对未开化、半开化的其他国家的暴力。关于前面"带有美妙而薄命的古典均衡"的美文，笔者也已指出，《初篇》的民族主义尽管有着全人类相通的普遍性，但主张的却是披着普遍性外衣的、仅符合西方文明利益的道理，甚至不惜粗暴地排斥与其相左的东西。对启蒙主义的这种暴力性，丸山几乎是视若无睹。

《文明论概略》之中，"一视同仁四海皆兄弟之大义"与"尽忠报国之大义"相互矛盾，无法兼顾，"尽忠报国"尽管"偏颇"，但为了本国独立不得不"偏颇"。但于此之外，福泽敏锐观察到了"今日之美利坚，本乃谁之国也？印第安人者，本为其主，却遭白人驱逐，如今岂非主客颠倒也？因此，当今美利坚之文明乃白人之文明"，不得不承认这种眼力在当时日本知识分子中是独一无二的，但福泽绝非站在印第安人的立场上。他批评民权论的时候说："当今同权论或许正确，然非属主人自发之论"，亦即民权论并非来自于被压抑之民众的自我主张，因而不是真实之物。他一方面如此驳斥，另一方面拒绝站到民众立场，和面对印第安人时的态度如出一辙。而他拒绝了弱势者立场，也就意味着自己置身于安全之所了。

福泽在《初篇》中充满启蒙热情，试图全面阐释西洋 18 世纪启蒙思想所提出的真理。开篇则高唱人类平等，呼吁国民通过学问"一身独立"，成为文明人。他激烈批判"无学文盲"之民众，尽管带有暴力性，但也由于他怀着期待，认为民众利用学问可以成为文明人，这非常强烈地体现了他的启蒙意欲。但是，后来为现实动向所逼，其启蒙意欲便慢慢减退了。福泽所直面的不曾预料的现实，便是自由民权思想的全国性蔓延。这些启蒙思想家所超前获得的西洋文明，开始作为超越启蒙专制的民主主义的主张，威胁到了明治政府。

另外，福泽更是直接与作为民权运动余波的"长沼事件"发生了关系。所谓"长沼事件"，乃指围绕千叶县长沼湖的渔业权所产生的纷争。1874 年，千叶县政府的介入让事态变得复杂起来，为此而烦恼的长沼村农民小川武平鉴于福泽的名望，前来求助。福泽热心帮忙，但随着与官府的对立越来越激烈，他便违背农民初衷，劝导农民向官府低头。"勿激怒官员"，且传达这样的口信："前日我等提出了福泽之名，实乃我等之草率。……我等无论身受何等斥责，既然视县厅为父为君，当无半分恶意"，让农民向官员道歉（1875 年 9 月 20 日给小川武平的书简，《福泽谕吉全集》第 17 卷）。不过，也许是出于补偿，福泽给该村小学设立资金捐献了高额钱款。通过这一事件，与其说福泽认识了农民的困窘或学习了农民的抗争精神，毋宁说他更多地看到了农民的"愚昧状况"。而与这些农民接触的经验恰好就在《文明论概略》的写作、出版时期。接着在 1885 年的文章《国权可分说》中，他谈道："等待百姓引车者流学问长进，精神振奋，如同栽杉树苗而盼船帆柱"，"人类智力等同于体力，若不世代相传，则无法进化"。翌年，即 1886 年，在一篇题为《系统论》的文章中，写着"人为之身份即所谓人爵，可急速变化平而等之；然遗传之智力所谓天爵，无法急速上升等而同之"。福泽于 1885 年左右开始阅读斯宾塞的《社会学研究》《第一原理》，其中的进化论，与他的农民体验相结合，催生了这些可称为"智愚遗传决定论"的言说。

不仅限于福泽，当时达尔文或斯宾塞的进化论思想从西方传入，给了民权论论者们巨大的影响。进化论在历史必然进步的观念上给民权论论者增添了勇气，而在遗传论观点上则给体制派提供了支持。福泽通过遗传论固定了愚民论的看法，也因此迅速丧失了启蒙愚民的热情。不但如此，在 1876 年的《备忘录》中，更是留下了这样的观点："在不明博弈得失之人间世界，使其依自力奔赴目的之所，不亦危哉？故举凡可为道德辅助之物，无论佛法神道，金比罗神稻荷神，依照人民知识程度，遵守其教即可。"在这里，试图让无知民众之理性觉醒的启蒙意欲已经荡然无存。有的只是为了维护现存秩序巧妙操纵民众，甚至巧妙利用宗教来作为有效手段、把人民本身视为稳定秩序之手段的态度。在《初篇》中对"一身独立"的呼吁已经不见踪影。毋宁说，"一身独立"已遭到畏惧了。《备忘录》的这一段里标示着斯宾塞的《第一原理》，但斯宾塞视宗教为普遍人性的一个方面，而福泽仅把它当作无知的产物。可以说这里产生了质的差异。

此外，攻击政府之专制、要求开设国会的自由民权运动，在开设国会的建议书上集聚了二十四万个署名，在 1879 年到 1881 年间显示出了前所未有的高涨势头。而北海道开拓使抛售公物丑闻更是给民众攻击政府提供了火上浇油的契机。福泽就这些情况上书大隈重信："民权论之性质似已完全变质为颠覆论，照此情势，官民愈发离反，至极端处，或酿成流血之祸，不胜担忧。"（1881 年 10 月 1 日）在这样的危机感下，他创办了《时事小言》。

在《时事小言》中，福泽抛弃了天赋人权论，开始宣扬其"吾辈乃遵从权道者也"的"权道"现实主义立场。认为自由民权论是把世界人类都视为善人的"想象论"，天赋人权论则是"妄想论者"之说，毫无现实效用。"在此多事之秋，吾等日本人如何应对哉？于观察外交利害、尽力奏其实效外，实无他事。"并且提出了"内安外竞"的口号，判断"如今国内人民之苦状已无暇顾此"，于是"非仅守日本，应兼护东洋诸国，治乱之余以图夺魁"，呼吁必须增强军备，强化政权，充实国库。显而易见，此乃试图抑制自由民权运动的观点。还有，"金钱、兵力非保护某道理之物，乃创造某新道理之机械也"，这就是露骨的"强权即正义"的主张了。"当今东洋列国，作为文明中心、他国魁首，并立于西洋诸国者，舍日本其谁？须觉悟，保护亚细亚东方乃我等责任也。……近邻之支那朝鲜，迟钝不堪，不可步其后尘，……以武保护之，以文诱导之，亟须使其仿效吾国步入近代文明。无奈之时，不惜以武力胁迫其进步。"可见，这些见解已经离"脱亚论"不远了。

然后，以 1882 年朝鲜的"壬午事变"为契机，福泽把朝鲜问题视为"外竞"的最大课题，以其试图为打倒自由民权论而创办的

《时事新报》为舞台，展开了"朝鲜政略"宣传。他鼓动道："吾相信，倘与支那之战不可免，则切勿左右彷徨，应当机立断，直接突进，封其喉管，方为正道。"从此福泽便走向了要求增强军备、鼓吹日清战争的道路。

在占有绝对性优势的西方文明面前，像福泽一般敏锐洞穿其虚伪性的，当时恐无他人了。但是，当他强调国家危机，以现实主义为盾，牺牲理性的时候，他便选择了拥抱伪善的道路。

但是，在19世纪70年代到80年代这一时期，日本的知识世界中，是否只有"脱亚论"这一个路径可以选择呢？启蒙思想的学徒植木枝盛、中江兆民们，也许可以说他们没有脱离西方文明的框架，但是他们采撷了西方文明最为优良的部分，为了能在日本的风土之中"始造"新文明而奋斗了终生。福泽在《文明论概略》中断言："欲立国于世界、持有政府，则不可存消除国民私情之手段。"与此相对，民权论论者们则描绘了超越"国家"的视野以及高于"私情"的构想。植木枝盛在1872年提出"战争乃对天犯罪也"，"不可去除万国统一之会所"，甚至在1880年构想了类似于今日联合国的"万国共议政府"。1882年的中江兆民则试图追求"小国论""四海兄弟之大义"。后来的自由民权思想谱系大多被卷入了福泽的逻辑，但我们不能忘记这些为了国内民众的自立自由，为了国际和平而抗争不已的少数人。同样，也不能忘记从幕末儒学者横井小楠到反对日清战争、日俄战争的儒学者谷干城等从儒教出发摸索"公共之道"的少数者的谱系。

（译者：谭仁岸）

索　引

（以汉语拼音字母顺序排列）